창의쑥쑥 환이맘의
엄마표 놀이육아

**창의쑥쑥 환이맘의
엄마표 놀이육아**

초판 1쇄 발행 | 2019년 6월 20일
초판 5쇄 발행 | 2021년 1월 20일

지은이 | 신희재
발행인 | 김태웅
책임편집 | 안현진, 김현아, 이지혜
디자인 | 남은혜, 신효선
마케팅 | 나재승
제 작 | 현대순

발행처 | ㈜동양북스
등 록 | 제 2014-000055호
주 소 | 서울시 마포구 동교로22길 14 (04030)
구입 문의 | 전화 (02)337-1737   팩스 (02)334-6624
내용 문의 | 전화 (02)337-1763   dybooks2@gmail.com

ISBN 979-11-5768-515-8 13590

▶ 본 책은 저작권법에 의해 보호를 받는 저작물이므로 무단 전재와 복제를 금합니다.
▶ 잘못된 책은 구입처에서 교환해 드립니다.

이 도서의 국립중앙도서관 출판예정도서목록(CIP)은 서지정보유통지원시스템 홈페이지(http://seoji.nl.go.kr)와
국가자료공동목록시스템(http://www.nl.go.kr/kolisnet)에서 이용하실 수 있습니다.
(CIP제어번호: CIP2019021363)

오감발달 미술놀이에서 두뇌발달 과학놀이까지 창의폭발 아이주도 놀이백과

창의쑥쑥 환이맘의

엄마표 놀이육아

신희재 지음

동양북스

머리말: 엄마표 놀이는 아이에게 '웃음을 선물하는 시간'입니다

아이와 엄마표 놀이를 함께한 지 어느덧 3년이 지났네요. 학창시절 미술과 거리가 멀었던 제가 이렇게 엄마표 놀이책을 쓸 수 있게 된 원동력은 오롯이 아이입니다. 처음 엄마표 놀이를 한 날, 너무나 환하고 행복하게 웃던 아이의 모습이 지금도 생생합니다. 그 모습을 오래도록 보고 싶은 마음이 저를 여기까지 이끌어 주었어요.

초보 육아맘 시절에는 저도 아이와 어떻게 시간을 보내야 할지 몰라 힘들었어요. 그래서 마트나 인터넷에서 장난감을 사다나르곤 했죠. 하지만 마트표 장난감들은 살 때 잠깐 좋아할 뿐 금방 싫증을 내고 어느 순간 방치하게 되더군요. 그래서 '장난감이 아닌 다른 무언가'로 놀아 줘야겠다는 마음이 생겼어요.

그때 생각한 것이 바로 '엄마표 놀이'였어요. 막상 시작하자니 너무 막연해서 정말 간단한 놀이부터 해보자고 마음먹었죠. 가령 '야광별 스티커로 벽 꾸미기', '티슈 마구 뽑아 던지기', '택배상자 높이 쌓기', '해 질녘 집에 들어오는 햇빛으로 그림자 만들기' 같은 놀이들이에요.

엄마를 도와주는 것도 놀이가 돼요. '계란 노른자 풀기', '야채 자르기', '완두콩 까기' 등 식사 준비에 아이를 동참시켜 노른자가 풀어지는 모습이 어떤지, 콩 껍질의 촉감이 어떤지 아이와 이야기를 나누었습니다. 대단한 작품이 나오는 것도 아니고 멋진 미술 활동도 아니지만, 지금 아이는 세상 모든 것을 하나하나 겪으며 알아가는 과정이기에 이런 활동들이 모두 흥미롭고 호기심 가득한 놀이가 되더군요.

자연은 색다른 놀이 공간이 되어 줍니다. 저는 아이가 아주 어렸을 때부터 '둘만의 데이트'를 많이 다녔는데, 키즈카페 같은 곳보다는 야외에서 자연 데이트를 자주 했어요. 그때 했던 놀이들은 '천으로 바람 담기', '토끼풀 꽃반지 만들기', '재미있게 생긴 돌멩이 찾기', '흙 위에 나뭇가지로 그림 그리기' 등이에요. 그리고 집에 돌아올 때 나뭇잎, 나뭇가지, 돌들을 주워다 다시 한 번 엄마표 놀이 시간을 가졌어요.

엄마표 놀이라고 하면 '여러 가지 재료를 준비해서 뭔가 그럴 듯한 결과물을 만드는 과정'을 떠올리는 분들이 많은데 그건 오해입니다. 놀이 재료들은 조금만 관심을 가지면 주변에서 손쉽게 구할 수 있어요. 예를 들어 과일 껍질은 갈아서 밀가루 반죽과 섞으면 빛깔 고운 천연 클레이가 돼요. 유통기한이 지난 우유는 물감을 떨어트려 마블링 놀이를 하면 좋고요, 계란 껍질은 스트레스 해소 놀이에 너무나 좋은 재료입니다. 버리는 택배상자, 다 쓴 플라스틱 용기는 더할 나위 없이 좋은 놀이 재료가 되어 준답니다. 어느 날은 아이와 분리수거를 하러 갔는데 아이가 "엄마, 누가 이런 보물들을 버렸어?" 하며 깜짝 놀라더군요. 버려지는 것들을 다른 시각으로 보고 활용할 수 있다는 것을 알려주고 싶었던 제 바람이 아이에게 잘 전달된 것 같아 무척 기뻤어요.

엄마표 놀이를 너무 어렵게 생각하지 않으셨으면 해요. 솜씨가 없어도 괜찮아요. 멋진 결과물이 나와야 한다는 부담감을 버리고, 아이와 행복을 쌓는 시간이라고 생각해 보세요. 그러면 엄마표 놀이를 계속 해 나갈 수 있는 힘이 될 거예요. 물론 놀이를 준비하고 정리하는 과정들이 조금은 번거롭겠지만, 아이의 환한 미소를 보면 엄마의 수고가 한꺼번에 보상받는 기분이 들 거예요. 그리고 아이에게도 엄마와 함께했던 그 순간은 행복한 추억과 느낌으로 오래 남을 거예요.

저는 엄마표 놀이를 통해 아이의 성향, 관심 분야, 속마음을 더 자세히 알 수 있었어요. 그리고 그렇게 놀이를 통해 얻은 정보는 다음 놀이와 자연스레 접목이 되었어요. 아이의 말에서 아이디어를 얻기도 하고, 함께 읽은 책에서 영감을 받아 독후활동으로 할 수 있는 놀이가 떠오르기도 했어요. 놀이는 엄마와 아이를 연결해 주는 중요한 소통 통로가 된다고 생각해요.

이 책은 그동안 아이와 제가 보낸 시간들을 기록한 일기장같은 책이에요. 여러분도 여러분만의 일기장을 기록하며 아이와 행복한 추억들을 채워 나가길 바랍니다.

환이맘 신희재

이 책의 특징

아이와 뭐 하고 놀까 고민되시죠?
인기 인스타그래머 환이맘과 함께 뚝딱 재미있게 놀아 봐요!

놀·알·못 엄마에서 놀·잘·알 엄마로! 우리 엄마가 달라졌어요!

아이랑 놀아 주고 싶지만 어떻게 놀아 줘야 할지 난감하시다고요? 육아에 서툰 엄마도, 놀이가 어려운 엄마도 이제 걱정하지 마세요. "엄마, 놀아 줘!"란 말에 당황하지 않고 뚝딱 놀 수 있는 150여 가지 엄마표 놀이를 소개합니다. 손재주가 없거나 체력이 약한 엄마도 쉽게 활용 가능한 대박 아이디어가 가득합니다!

TV나 스마트폰 없이도 잘 노는 아이로 키우세요!

육아에도 스마트폰이 필수인 시대이지만 전자기기에 지나치게 노출되는 것은 피하는 것이 좋겠죠? 아이와 스마트폰 실랑이를 피하려면, 먼저 전자기기 없이도 재미있게 놀 수 있다는 걸 경험시켜 주세요. 빨대 하나, 풍선 하나, 혹은 그림자나 바람만으로도 충분히 재미있게 놀 수 있어요. 미세먼지 많은 날, 비 오는 날도 상관 없이 매일매일 신나게 놀아요!

인기 인스타그래머 환이맘이 추천하는 '반응대박 엄마표 놀이'!

우리 아이 충분히 놀고 있나요? 아이들은 놀이를 통해 세상을 탐색하고 배웁니다. 아이의 호기심과 창의력, 사고력, 집중력이 자라나는 결정적 시기를 학습지나 학원 수업에 쫓겨 놓치지 마세요. 아이랑 노는 게 막막한 엄마들을 위해 인기 인스타그래머 환이맘이 준비물은 간단하고 재미는 대박인 놀이들만 골라 담았습니다.

미술놀이책 따로, 과학놀이책 따로? 이 책 한 권이면 엄마표 놀이 끝!

미술놀이도 하고 싶고 과학놀이도 하고 싶은데, 이 책 저 책 다 사기 부담스러우시죠? 일상 속에서 손쉽게 할 수 있는 활동놀이부터 상상력이 자라는 미술놀이, 오감을 자극하는 자연물놀이, 과학 개념을 주제로 한 과학놀이까지 아이들이 정말 좋아하는 80가지 놀이와 70여 가지 확장놀이 등 총 150여 개의 놀이가 담겨 있습니다. 이 책 한 권으로 미술에서 과학까지 다양한 놀이 영역을 다 잡으세요!

이 책의 활용법

★ 아이가 원하는 놀이를 골라요!

책의 앞장에서부터 놀이를 진행하기보다는 아이가 원하는 놀이부터 골라 노는 것이 좋아요. 놀이를 고르는 과정에서부터 엄마 주도가 아닌 아이 주도로 진행하면 몰입도가 한층 높아집니다. 원하는 놀이를 발견하고 놀이를 완성하는 과정에서 아이의 성취감과 자존감이 쑥쑥 올라갑니다.

★ 아이의 놀이 과정을 방해하지 않아요!

놀이를 하다 보면 아이가 책에 나온 순서를 따르지 않고 다른 방법으로 놀이를 진행할 때가 있어요. 이는 아이가 자기 나름대로 놀이를 발전시키는 과정이므로, 아이 마음대로 놀게 허용해 주세요. 아시죠? 결과물의 완성도는 중요하지 않아요.

이렇게 놀아요

놀이를 진행하는 방법이 사진컷과 함께 상세하게 설명되어 있습니다. 엄마가 먼저 읽은 후 설명해 줘도 좋고, 아이가 혼자 읽으면서 이해할 수 있도록 유도해도 좋습니다.

Let's Play More!

본문에 수록된 놀이와 연계하거나 확장하여 할 수 있는 놀이를 제시합니다. 주어진 놀이 아이디어들을 참고로 아이와 함께 다양하게 놀이를 변형하며 활용해 보세요.

Contents

머리말 • 004
이 책의 특징 및 활용법 • 006

Part 1 웃음이 가득해지는 **활동놀이**

01. 스트레스 날리는 **뽁뽁이 파리 잡기** ······················· • 014
02. 탁탁 우지직 **계란껍질 세균 놀이** ························ • 016
03. 두두두두두 **거품 대포 놀이** ······························ • 018
04. 고소하고 맛있는 **꼬깔콘 손톱 자르기** ···················· • 020
05. 마법 가루를 섞으면 **보글보글 샴푸 놀이** ················· • 022
06. 보글보글 **게 거품 만들기** ································ • 024
07. 훅 불어서 쏘는 **두부총 놀이** ······························ • 026
08. 수정토가 슝슝 알 낳는 **복어** ······························ • 028
09. 알록달록 탱글탱글 **물감젤리 만들기** ····················· • 030
10. 밤에도 뚝딱뚝딱 **야광못 망치 놀이** ······················· • 032
11. 절대 쓰러지지 않는 **얼음 오뚜이** ························ • 034
12. 빙글빙글 돌면서 **춤추는 발레리나** ······················· • 036
13. 폭신폭신 달콤한 **마시멜로 나무** ·························· • 038
14. 물을 주면 자라는 **코인티슈 새싹 놀이** ··················· • 040
15. 스포이드로 만드는 **공기방울 애벌레** ····················· • 042
16. 양치질을 잘하게 해 주는 **각설탕 충치 놀이** ·············· • 044
17. 수제 발포물감으로 즐기는 **카멜레온 변신 놀이** ··········· • 046

18. 바지락 껍질로 꾸미는 **바닷가 풍경** ········· ● 048
19. 곤충을 잡아먹는 식물 **자석 파리지옥** ········· ● 050
20. 라이스페이퍼로 만드는 **끈적끈적 거미줄** ········· ● 052

2 Part 상상력이 자라는 **미술놀이**

21. 옷걸이로 쉽게 만드는 **무지개 물고기** ········· ● 056
22. 나만의 간식창고 **종이박스 냉장고** ········· ● 058
23. 알록달록 울퉁불퉁 **골판지 뾰족나무** ········· ● 060
24. 수수깡이 붓으로 변신 **팡팡 불꽃놀이** ········· ● 062
25. 사인펜이 번져요 **커피필터 종이배** ········· ● 064
26. 스티로폼에 꽂아요 **면봉 수박 그림** ········· ● 066
27. 밀가루풀을 부어요 **무지개 양초** ········· ● 068
28. 라이스페이퍼로 확인하는 **엄마의 사랑** ········· ● 070
29. 택배 오는 날에는 **뽁뽁이 벌집** ········· ● 072
30. 빨간 얼음의 변신 **수박얼음 무당벌레** ········· ● 074
31. 배 포장지를 오려 붙이면 **롱다리 문어** ········· ● 076
32. 나도 미용사 **휴지 머리카락 염색 놀이** ········· ● 078
33. 플로랄폼 마술로 **나팔꽃 피우기** ········· ● 080
34. 데칼코마니로 멋지게 **팔랑팔랑 나비 날개** ········· ● 082
35. 크리스마스에 어울리는 **솔방울 아이스크림 트리** ········· ● 084
36. 국수를 염색해서 말면 **무지개 국수 꽃** ········· ● 086
37. 돌돌이 테이프로 **쇠똥구리 만들기** ········· ● 088
38. 우유팩으로 만드는 **짹짹짹 새끼 제비** ········· ● 090
39. 입체감이 살아 있는 **계란판 부엉이** ········· ● 092
40. 휴지로 만드는 **하늘하늘 민들레 홀씨** ········· ● 094

Part 3 · 오감자극 자연물놀이

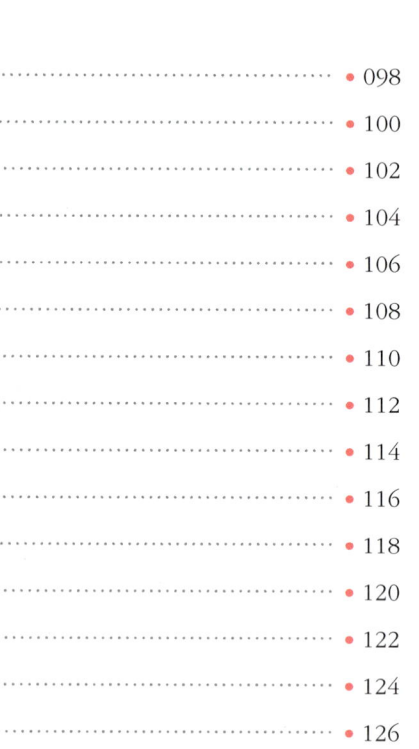

41. 열매에 가지를 꽂으면 **청포도 루돌프** ······ 098
42. 멋지게 싹둑싹둑 **귤껍질 미용실 놀이** ······ 100
43. 노란 꿀이 가득한 **바나나 벌집** ······ 102
44. 빨간 도장을 찍으면 **연근 무당벌레** ······ 104
45. 귀엽고 싱그러운 **브로콜리 거북이** ······ 106
46. 노란 은행잎의 변신 **은행잎 파인애플** ······ 108
47. 가을 자연물로 꾸미는 **낙엽 작품 전시회** ······ 110
48. 숲속 요정이 쓰는 **나뭇잎 모자** ······ 112
49. 보랏빛으로 조물조물 **클레이 포도송이** ······ 114
50. 빨간 다리가 멋진 **파프리카 꽃게** ······ 116
51. 노란 알맹이가 가득 **클레이 옥수수** ······ 118
52. 운치가 느껴지는 **고구마 껍질 자작나무** ······ 120
53. 도토리를 갉아먹는 **도토리 애벌레** ······ 122
54. 가을 색을 모아 모아 **가을 천사의 날개** ······ 124
55. 눈을 염색하고 조각해요 **무지개 눈 조각가** ······ 126
56. 바람에도 끄떡 없는 **셋째 돼지의 벽돌집** ······ 128
57. 버섯 조각을 이어 붙인 **표고버섯 부엉이** ······ 130
58. 사과 도장으로 만드는 **원숭이 엉덩이** ······ 132
59. 전분이 쩍쩍 갈라져 **가뭄이 났어요** ······ 134
60. 산성 염기성 원리로 그려요 **적양배추 꽃밭** ······ 136

Part 4 · 놀면서 배우는 과학놀이

61. 정전기 풍선으로 병아리 모이 주기 ·········· 140
62. 담그면 움직여요 표면장력 상어 놀이 ·········· 142
63. 자석으로 물고기를 잡아요 빵 끈 낚시 놀이 ·········· 144
64. 물과 기름을 이용한 동글동글 기름 행성 ·········· 146
65. 종이박스로 배우는 동물 먹이사슬 ·········· 148
66. 비타민 씨 가득한 상큼한 용암 만들기 ·········· 150
67. 모세관 현상을 이용한 눈 내리는 풍경 ·········· 152
68. 커졌다 작아졌다 찜기 눈동자 놀이 ·········· 154
69. 찾는 재미가 보글보글 보물찾기 놀이 ·········· 156
70. 하트 모양부터 웃는 모양까지 모양 거품 만들기 ·········· 158
71. 얼음이 울어요 얼음 눈물 놀이 ·········· 160
72. 기름 구름에서 내리는 무지개 비 ·········· 162
73. 드라이아이스로 만드는 칙칙폭폭 증기기관차 ·········· 164
74. 불이 움직여요 보드마카 불 끄기 ·········· 166
75. 스펀지로 배우는 혀와 침의 역할 ·········· 168
76. 시큼한 공격 메추리알 개미산 놀이 ·········· 170
77. 자석으로 연출하는 카세트테이프 헤어 ·········· 172
78. 병뚜껑으로 배우는 자석 알파벳 놀이 ·········· 174
79. 전분으로 관찰하는 잎맥 표본 놀이 ·········· 176
80. 물속을 볼 수 있는 물풍선 마법 돋보기 ·········· 178

Part 1

웃음이 가득해지는
활동놀이

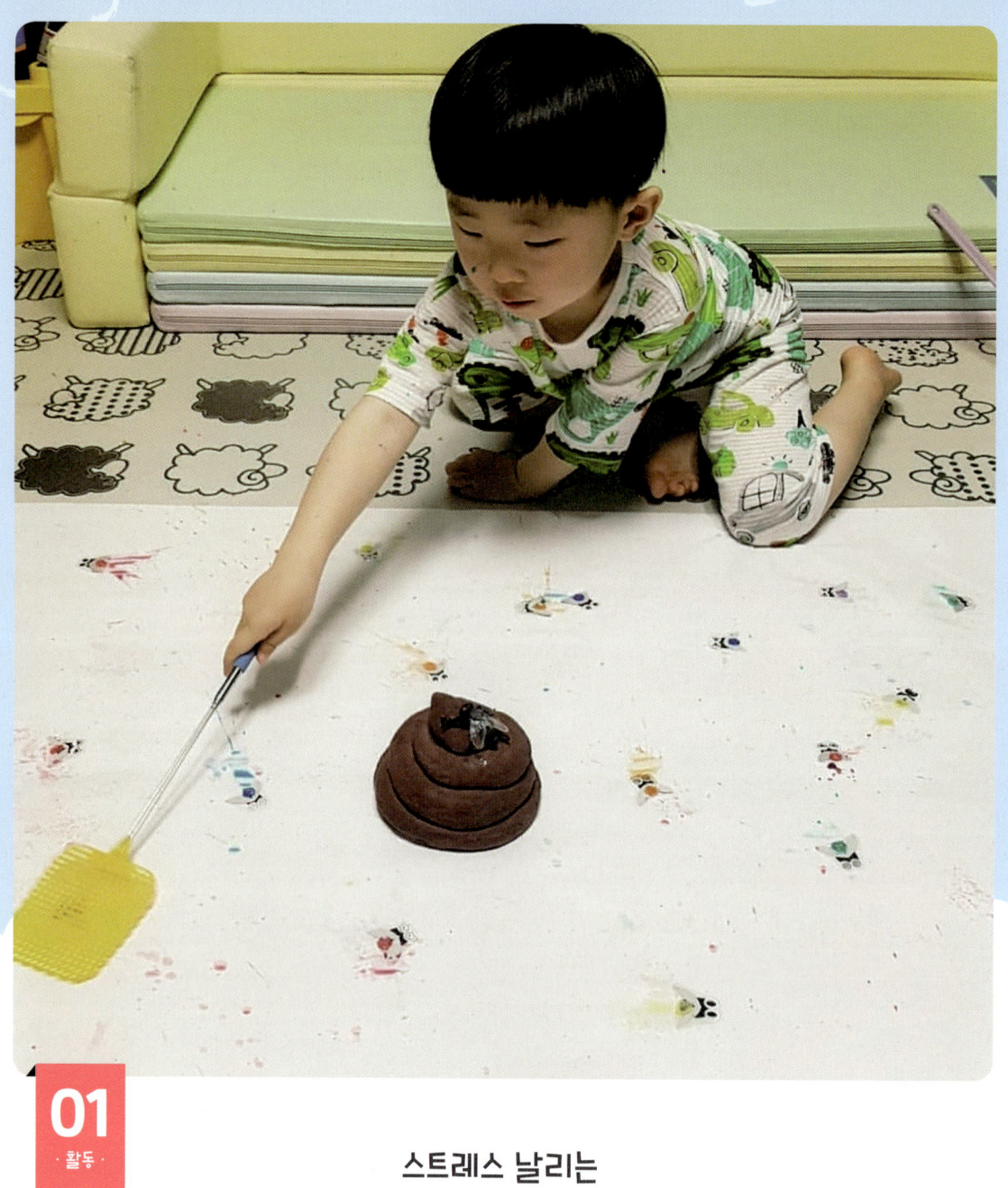

01 활동

스트레스 날리는
뽁뽁이 파리 잡기

뽁뽁이를 손으로 터트려도 재미있지만, 파리를 만들어 파리채로 터트리는 놀이를 하면 더욱 신이 난답니다. 택배가 오는 날이면 파리를 잡으며 스트레스를 날려 보세요.

이렇게 놀아요

준비물 ▶ 파리 그림, 뽁뽁이, 양면테이프, 주사기, 물감, 파리채, 전지

1 종이에 파리를 그리거나 파리 그림을 프린트해요.

2 뽁뽁이가 터지지 않게 조심하며 하나씩 오려요.

3 양면테이프를 이용해 파리의 몸에 뽁뽁이를 붙여요.

4 물감을 푼 물과 주사기를 준비해요.

5 뽁뽁이에 바늘을 살짝 찌르고 피스톤을 천천히 누르며 물감물을 채워요.

6 전지에 파리를 올린 후, 파리채로 파리를 잡아 보세요.

Let's Play More!

밀가루 똥 만들기

[준비물] 밀가루 2컵, 물 반 컵, 식용유 1~2T, 갈색 물감

밀가루로 똥을 만들어 놀이에 활용해 보세요. 밀가루에 물을 부어 적당한 질감이 되도록 반죽해요. 이때 식용유를 넣어야 손에 붙지 않아요. 반죽을 기다랗게 만든 후 동그랗게 말아 올리면 똥 모양이 완성됩니다.

Part1 웃음이 가득해지는 활동놀이

02 활동

탁탁 우지직

계란껍질 세균 놀이

계란껍질을 버리지 말고 모아 두었다가 놀이에 사용해 보세요. 내 몸을 아프게 하는 세균들을 계란껍질에 그린 후 망치로 부수면서 세균도 잡고 스트레스도 날려 보세요.

 **이렇게 놀아요**

준비물 ▶ 계란껍질, 매직, 전지, 크레파스, 나무 망치

1 계란껍질을 깨끗이 씻은 후 말려서 모아요.

2 껍질에 유성매직으로 세균을 그려요.

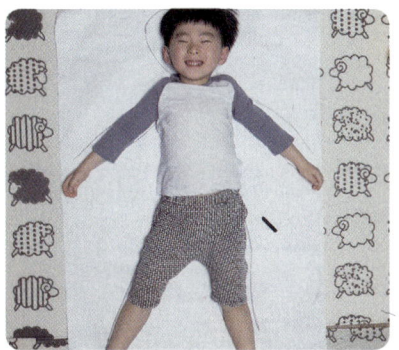

3 전지에 아이를 눕히고 아이 몸을 따라 선을 그려요.

4 크레파스나 물감으로 몸을 색칠하고 아픈 표정의 얼굴을 그려요.

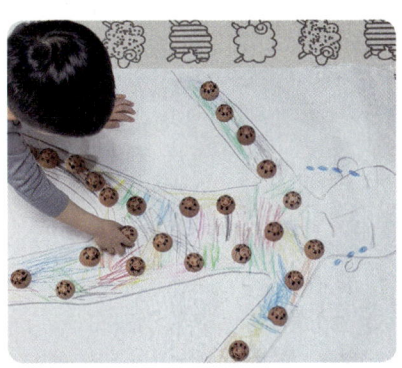

5 몸 그림 위에 2의 세균 계란껍질들을 올려 놓아요.

6 망치로 계란껍질을 부수며 세균을 무찌르는 상황극 놀이를 해 보세요.

Let's Play More!

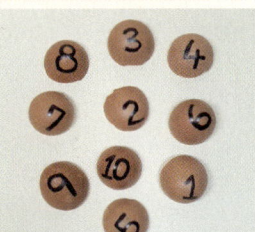

계란껍질 숫자 놀이

계란껍질에 숫자나 알파벳을 적어 순서대로 깨트리는 놀이도 해 보세요. 학습이 아닌 놀이를 통해 자연스럽게 숫자나 알파벳을 익힐 수 있답니다. 물감을 짜고 계란껍질로 덮은 뒤 깨트리는 미술놀이도 해 보세요.

03 활동

두두두두두두
거품 대포 놀이

바디워시와 풍선만 있으면 너무나 즐겁게 할 수 있는 놀이예요. 아이와의 샤워시간에
거품이 대포처럼 두두두두 발사되는 재미에 흠뻑 빠져 보세요.

 이렇게 놀아요

준비물 ▶ 풍선, 바디워시, 물

1 바디워시 입구에 풍선을 끼워 5~6번 정도 짜요.

2 풍선을 수도꼭지에 꽂고 주먹만한 크기가 되도록 물을 채워요.

3 풍선을 입으로 불어 공기를 가득 채워요.

4 풍선 입구를 잘 잡고 마구 흔들어 거품이 생기도록 해요.

5 아이에게 풍선 입구를 잘 잡고 있도록 당부해요.

TIP 오목한 그릇에 풍선을 올려놓으면 잡고 있기 쉬워요.

6 풍선에서 손을 떼면 거품이 대포처럼 뿜어져 나와요.

Let's Play More!

풍선 눈사람과 거품 눈

큰 풍선으로 눈사람을 만들어 놀이에 활용해 보세요. 풍선에서 나오는 거품이 마치 눈이 내리는 것처럼 보인답니다. 눈이 내리기를 기다리는 눈사람에게 거품 눈을 내려 주는 상황극을 하면 아이가 놀이에 더 몰입할 거예요.

04 활동

고소하고 맛있는
꼬깔콘 손톱 자르기

아이들은 손톱깎이에 관심이 많지만, 손톱깎이를 주자니 위험해서 고민된 적이 있을 거예요. 그럴 때는 손톱깎이 대신 빨래집게를 이용해 꼬깔콘 자르기를 해 보세요.

 이렇게 놀아요

준비물 ▶ 꼬깔콘, 빨래집게

1 꼬깔콘 과자를 접시에 담아 준비해요.

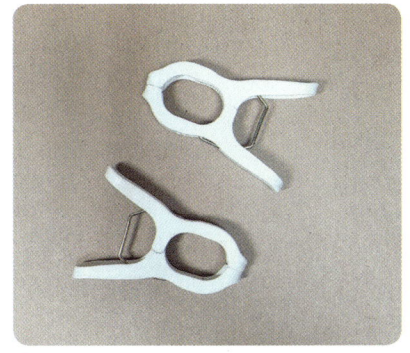

2 크기가 큰 빨래집게를 깨끗이 씻어서 준비해요.

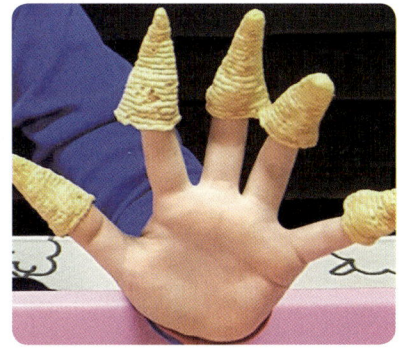

3 각 손가락에 크기가 맞는 꼬깔콘을 끼워요.

4 빨래집게를 벌려 꼬깔콘 손톱을 눌러요.

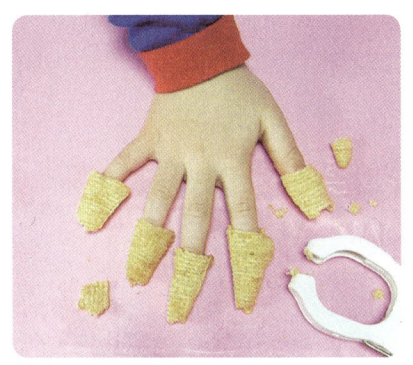

5 꼬깔콘이 부서지면서 손톱을 자른 것처럼 된답니다.

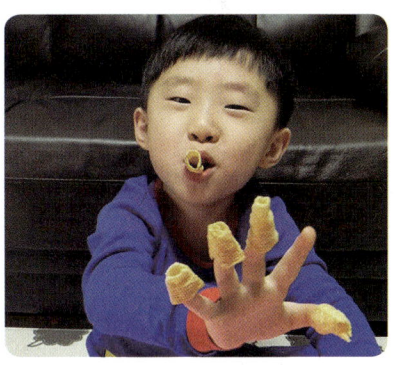

6 손에 남은 꼬깔콘은 맛있게 먹어요. 냠냠~

Let's Play More!

빨래집게 상어

빨래집게를 활용하여 상어를 만들어 놀아도 재미있어요. 집게 옆면에 상어 모양을 색종이로 만들어 붙여 주세요. 집게를 눌렀다 놓았다 하면 상어가 입을 벌려 물고기를 잡아먹는 모습이 표현됩니다.

활동 05

마법 가루를 섞으면

보글보글 샴푸 놀이

일상에서 유용하게 사용되는 베이킹소다와 구연산 가루가 물과 만나면
이산화탄소가 발생해 보글보글 거품이 생긴답니다. 이 원리를 이용하면 재미있는
샴푸 놀이를 할 수 있어요.

이렇게 놀아요

준비물 ▶ 베이킹소다, 구연산, 흰 종이, 파스텔, 종이컵, 매직, 숟가락, 스포이드, 트레이

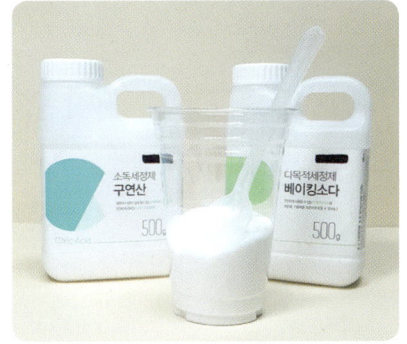

1 베이킹소다와 구연산을 1:1 비율로 섞어요.

2 종이에 파스텔 한 가지 색을 칠한 뒤, 1에서 만든 가루를 올리고 손으로 문질러 색을 입혀요.

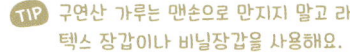
TIP 구연산 가루는 맨손으로 만지지 말고 라텍스 장갑이나 비닐장갑을 사용해요.

3 2의 과정을 색깔별로 반복하여 종이컵에 가루를 담아요.

4 종이에 매직으로 머리카락이 없는 얼굴을 그려요.

5 3의 가루를 숟가락으로 떠서 원하는 헤어스타일을 만들어요.

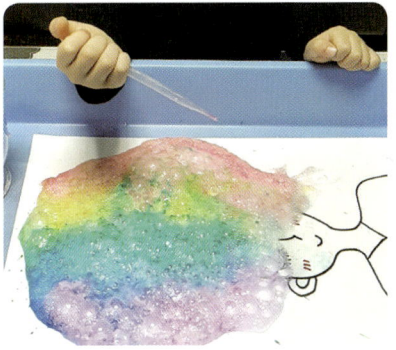

6 스포이드로 머리에 물을 떨어트리면 보글보글 거품이 올라와요.

Let's Play More!

보글보글 파도 소리

위의 방법으로 만든 베이킹소다와 구연산 가루로 파도를 표현해 보세요. 이 가루가 물과 만나 반응하는 소리가 파도 소리와 비슷하게 들리거든요. 이를 통해 청각활동까지 확장시킬 수 있답니다.

활동 06

보글보글

게 거품 만들기

꽃게가 거품을 뿜어내는 모습을 본 적이 있나요? 게가 물밖에 나와 있을 때 호흡하기 위해 만들어지는 거품이랍니다. 이 모습을 배 포장지와 풍선으로 만들어 봐요.

이렇게 놀아요

준비물 ▶ 배 포장지, 빨간 물감, 빨간 풍선, 바디워시, 테이프, 바늘

1 배 포장지를 오려 게 모양을 만들고 빨갛게 색칠한 다음, 가운데에 동그란 구멍을 내요.

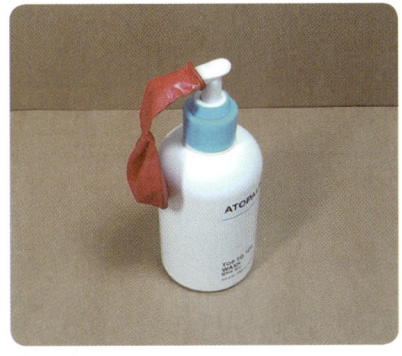

2 빨간 풍선 안에 바디워시를 3~4번 짜서 넣어요.

3 풍선을 수도꼭지에 끼운 후 물을 주먹 크기 정도로 넣어요.

4 풍선을 불어 매듭을 묶은 뒤, 거품이 생기도록 마구 흔들어요.

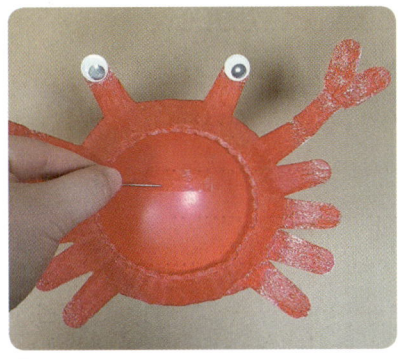

5 게를 풍선 위에 올리고 풍선 가운데에 테이프를 붙인 후, 그 부분을 살살 바늘로 찔러요.

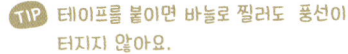
TIP 테이프를 붙이면 바늘로 찔러도 풍선이 터지지 않아요.

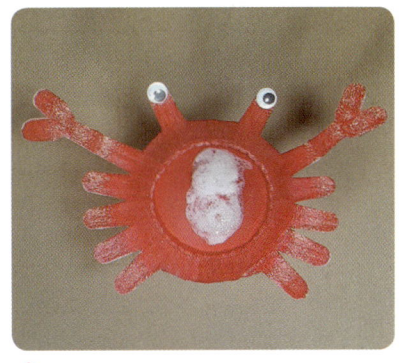

6 구멍에서 거품이 나오는 모습이 게가 거품을 뿜는 것처럼 보여요.

Let's Play More!

콧물 거품 만들기

위와 같은 방법으로 만든 풍선에 눈 모양 스티커를 붙여 주세요. 매직으로 콧구멍을 그리고 테이프를 붙인 후 구멍을 내면, 콧물 거품이 흘러나오는 우스꽝스러운 얼굴이 된답니다.

활동 07

훅 불어서 쏘는

두부총 놀이

유통기한 지난 두부를 그냥 버리지 말고 놀이에 사용해 보세요. 빨대로 두부를 콕 찍어 불어서 마취총처럼 발사하는 놀이예요. 폐활량도 키우고 집중력도 기를 수 있답니다.

이렇게 놀아요

준비물 ▶ 두부, 빨대, 휴지심, 소형 풍선, 테이프, 매직, 트레이

1 두부와 빨대를 준비해요.

2 표적이 될 소형 풍선을 불어서 휴지심에 붙여요.

3 휴지심을 색종이로 꾸미고, 풍선에는 얼굴 표정을 그려요.

4 두부를 빨대로 꾹 찍어 빨대 안에 두부가 들어가도록 해요.

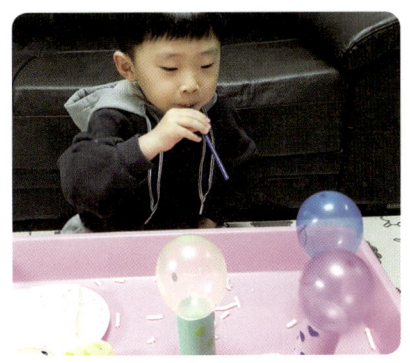

5 휴지심을 트레이 안에 놓고 빨대를 불어 밀려 나오는 두부로 휴지심을 맞춰 보세요.

6 휴지심 밑에 보석을 숨긴 후, 어느 휴지심에 있는지 찾는 놀이도 해 보세요.

Let's Play More!

두부 촉감놀이

두부총 놀이를 하고 난 뒤 바로 뒷정리를 하지 말고 두부를 맘껏 주무르고 으깨며 놀도록 해 주세요. 두부는 아이들에게 너무나 좋은 촉감놀이 재료거든요. 하얀 두부를 도화지 삼아 물감을 뿌리며 놀아도 재미있어요.

08 활동

수정토가 슝슝
알 낳는 복어

수정토는 말랑말랑한 감촉 때문에 촉감놀이 재료로 많이 사용되지요.
수정토와 풍선만 있으면 할 수 있는 놀이예요. 풍선에서 뿜어져 나오는 수정토들을 보며
꺄르르 웃음이 터진답니다.

이렇게 놀아요

준비물 ▶ 수정토, 플라스틱 물병, 풍선, 눈 스티커, 매직, 트레이

1 수정토와 풍선을 준비해요.

2 빈 물병에 수정토를 가득 채우고, 풍선을 불어 물병 입구에 씌워요.

3 물병을 뒤집어서 물병의 수정토가 풍선에 들어가게 해요.

4 풍선의 공기를 쭉 뺀 뒤 풍선을 매듭지어요.

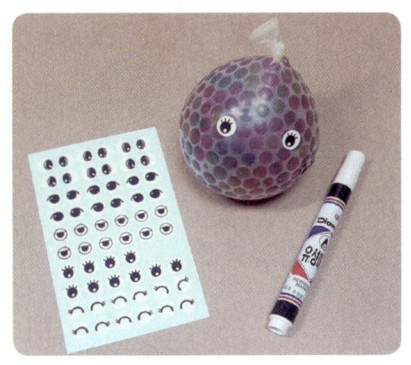

5 풍선에 눈 스티커를 붙이거나 매직으로 눈을 그려서 복어를 표현해요.

6 트레이에 풍선을 올려놓고 살짝 가위집을 내면, 작은 구멍으로 수정토가 슝슝 뿜어져 나온답니다.

Let's Play More!

수정토 색깔 그림자

집 안에 빛이 들어오는 시간에 수정토를 햇빛에 비춰 보세요. 수정토의 예쁜 색깔 그림자가 나타난답니다. 또 종이에 우주 그림을 그린 후, 수정토들을 놓아 보세요. 색색의 아름다운 수정토 행성들이 나타난답니다.

활동 09

알록달록 탱글탱글
물감젤리 만들기

젤리를 만들 때 쓰는 젤라틴에 물감을 섞어 굳혀서 알록달록하고 탱글탱글한 물감젤리를 만들어 보세요. 물감젤리로 촉감놀이도 하고 다시 녹여서 채색도 해 보세요.

 이렇게 놀아요

준비물 ▶ 종이컵, 물감, 젤라틴, 플라스틱 칼, OHP필름, 매직, 트레이

1 종이컵에 여러 색의 물감물을 만들어 준비해요.

2 젤라틴을 중탕해서 녹인 뒤, 물감물이 든 종이컵에 부어요.

TIP 물감물과 젤라틴을 1:1 정도의 비율로 섞어요.

3 냉장고에 2시간 정도 넣어 두어 탱글한 젤리가 되도록 굳혀요.

4 젤리를 꺼내 자유롭게 가지고 논 다음 플라스틱 칼로 작게 잘라요.

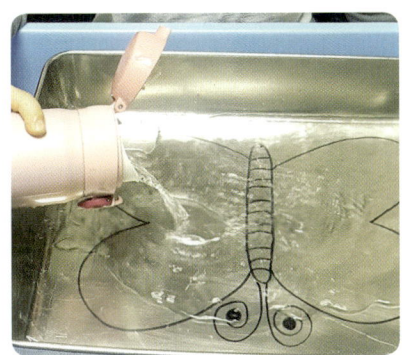

5 OHP필름에 매직으로 나비를 그리고 트레이에 붙여요. 트레이에 60도 이상의 물을 부어요.

6 젤리 조각을 날개 위에 올리고 변화를 관찰해요.

TIP 젤라틴이 따뜻한 물에 녹고 남은 물감이 나비 날개를 예쁘게 채색해 줘요.

Let's Play More!

물감젤리 미용실 놀이

물감젤리를 이용해 젤리총 놀이를 해도 재미있어요. 빨대로 젤리를 찍어서 불면 기다란 모양의 젤리가 만들어져요. 그리고 이렇게 만들어진 기다란 젤리로 멋진 헤어 스타일을 만들면 미용실 놀이로 확장돼요.

활동 10

밤에도 뚝딱뚝딱

야광못 망치 놀이

아이들은 망치질 놀이를 참 좋아하지요. 만약 못에서 빛이 난다면 어떨까요? 색다른 자극을 줄 수 있는 야광봉 못을 만들어 아이들에게 특별한 놀이시간을 제공해 주세요.

 **이렇게 놀아요**

준비물 ▶ 야광봉, 랩, 테이프, 종이박스, 송곳, 나무 망치

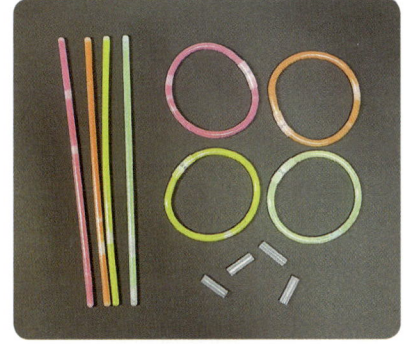

1 야광봉을 구부려 빛을 낸 후, 연결고리를 끼워 동그랗게 만들어요.

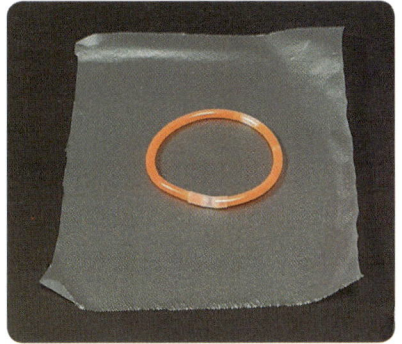

2 동그란 야광봉을 충분히 감싸는 크기로 랩을 자른 다음, 랩 위에 야광봉을 올려요.

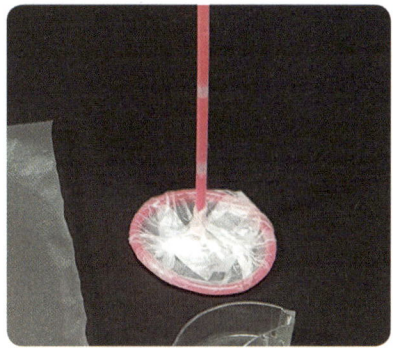

3 동그란 야광봉 가운데에 막대 야광봉을 세운 다음, 랩으로 감싸 테이프로 고정해요.

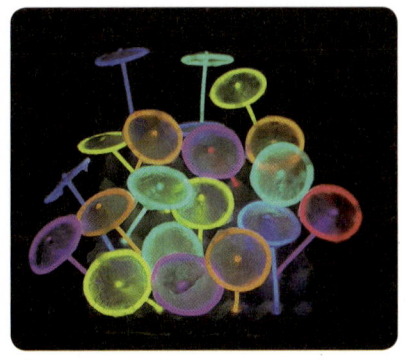

4 3번 과정을 반복하여 여러 개의 야광못을 만들어요.

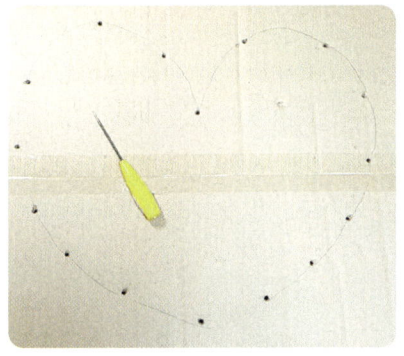

5 종이박스에 하트를 그리고 선을 따라 송곳으로 구멍을 낸 후, 야광못을 살짝 꽂아요.

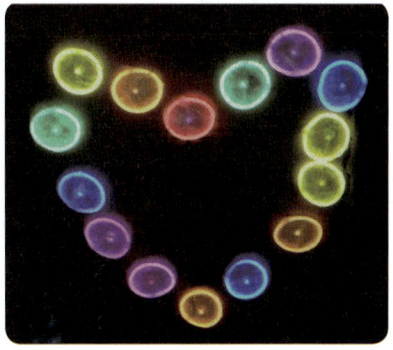

6 어두운 방에서 빛나는 야광못을 나무 망치로 박으며 수리공 놀이를 해 보세요.

Let's Play More!

야광 독버섯 만들기

야광못 위에 배 포장지를 덮어 보세요. 야광 빛이 배 포장지를 비추면서 알록달록 화려한 독버섯처럼 보인답니다. 버섯에 관한 자연 관찰책을 읽고 독후 활동 놀이로 해 보세요.

활동 11

절대 쓰러지지 않는

얼음 오뚝이

넘어져도 다시 일어나는 오뚝이를 얼음 풍선으로 쉽게 만들 수 있어요. 얼음이 무게중심을 잡아 주어 오뚝이처럼 다시 일어나거든요. 얼리지 않은 물풍선과 비교하며 놀아 보세요.

이렇게 놀아요

준비물 ▶ 소형 풍선, 종이컵, 눈 스티커, 색종이

1 소형 풍선에 물을 반 정도 채워요.

2 물 양의 3배 정도의 크기가 되도록 풍선을 불어요.

3 종이컵에 2의 풍선을 올리고 냉동실에서 하루 정도 얼려요.

4 꽁꽁 언 풍선에 눈코입을 붙여 얼굴을 만들어요.

5 풍선을 밀어서 넘어뜨리면 오뚝이처럼 다시 일어나요.

6 얼리지 않은 풍선도 넘어뜨리며 비교해 보세요.

Let's Play More!

오뚝이 상모 돌리기

풍선 매듭 부분에 털실을 묶고, 털실 끝에는 글루건으로 폼폼이를 붙인 뒤 오뚝이처럼 밀어 보세요. 풍선이 넘어졌다 다시 일어나는 반동에 의해 폼폼이가 돌아가는 것이 마치 상모 돌리기처럼 보인답니다.

12 활동

빙글빙글 돌면서
춤추는 발레리나

카세트테이프와 손전등으로 움직이는 그림자를 만들 수 있어요. 자기테이프를 뽑는
재미와 빙글빙글 춤추는 발레리나 그림자를 만드는 재미를 동시에 느껴 보세요.

이렇게 놀아요

준비물 ▶ 종이, 수수깡, 테이프, 카세트테이프, 손전등

1 발레하는 발레리나의 모습을 종이에 그린 후 오려요.

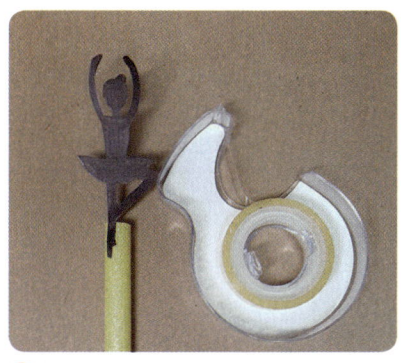

2 수수깡을 1/4 크기로 자르고 발레리나 그림을 붙여요.

3 카세트테이프 구멍에 수수깡을 끼워요.

4 카세트테이프 안에 있는 자기테이프를 잡아당겨 꺼낸 뒤 가운데를 잘라요.

5 손전등을 카세트테이프를 향해 비추면 발레리나의 그림자가 나타나요.

6 수수깡이 꽂혀 있는 쪽의 자기테이프를 잡아당기면 수수깡이 돌아가면서 발레리나가 빙글빙글 춤을 춰요.

Let's Play More!

자장면 옮기기

자기테이프를 모두 뽑아 자장면을 만들어 보세요. 젓가락을 사용하여 다른 그릇에 덜기 놀이를 해도 좋아요. 젓가락질이 서툰 아이에게 이런 놀이를 통해 젓가락질을 연습하는 시간을 갖게 해 주세요.

13 활동

폭신폭신 달콤한

마시멜로 나무

마시멜로는 폭신한 식감과 달콤한 맛 때문에 아이들이 참 좋아하지요. 마시멜로를 자르고 구워서 벚꽃나무를 만들어 보세요. 종이를 자를 때와는 다른 질감을 느낄 수 있어요.

 이렇게 놀아요

준비물 ▶ 마시멜로, 흰 도화지, 크레파스

1 색이 있는 마시멜로를 준비해요.

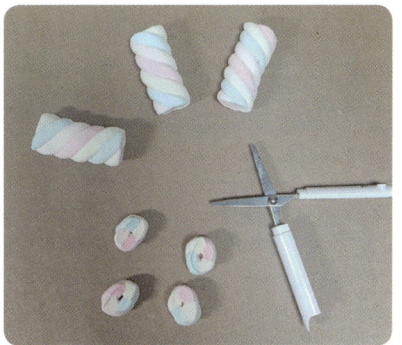

2 마시멜로를 4등분하여 동그랗고 납작한 모양으로 잘라요.

3 종이에 나뭇가지가 많은 나무를 그려요.

4 잘라 놓은 마시멜로로 나무를 꾸며요.

TIP 마시멜로 단면에 끈적임이 있어서 풀칠을 안해도 잘 붙어요.

5 4를 전자레인지에 20~30초 정도 돌려요.

TIP 마시멜로가 부풀다가 가라앉으며 옆에 있는 마시멜로와 예쁘게 어우러져요.

6 시간이 지나면 녹았던 마시멜로가 굳으면서 달콤한 나무가 완성돼요.

Let's Play More!

마시멜로 눈사람

하얀 마시멜로 눈사람을 만들어 보세요. 집과 나무 위에는 길게 자른 마시멜로를 올려 눈이 쌓인 모양을 표현해도 재미있답니다. 전자레인지에 넣고 돌릴 때 풍기는 달달한 냄새를 통해 아이의 머릿속에 달콤한 추억으로 남을 거예요.

Part1 웃음이 가득해지는 활동놀이

활동 14

물을 주면 자라는

코인티슈 새싹 놀이

코인티슈는 처음에는 동전처럼 작지만 물을 빨아들이면 길어지는 특징이 있어요.
이 특징을 이용해 물을 주면 자라는 새싹이나 꽃을 표현해 보세요.

 이렇게 놀아요

준비물 ▶ 코인티슈, 수성 사인펜, 갈색 유성매직(갈색 색종이), 스포이드

1 코인티슈의 동그란 윗면에 수성 사인펜으로 새싹의 잎을 그려요.

2 코인티슈 옆면에는 새싹의 줄기를 그려요.

3 꽃도 같은 방식으로 그려요.

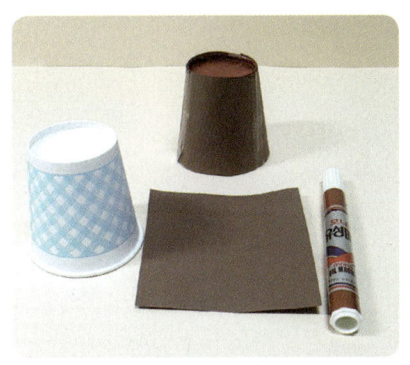

4 종이컵을 갈색 매직으로 칠하거나 갈색 색지를 붙여 땅을 표현해요.

5 땅 위에 새싹이 그려진 코인티슈를 올려놓아요.

6 스포이드로 티슈에 물을 뿌리면 티슈가 물을 빨아들여 길어지면서 새싹과 꽃이 자라는 모습이 표현돼요.

Let's Play More!

피노키오의 코가 길어져요

코인티슈는 피노키오의 코를 표현하기에도 좋아요. 종이에 피노키오 얼굴을 코를 제외하고 그린 후 코팅해요. 트레이에 그림을 놓고 코 부분에 갈색 사인펜으로 칠한 코인티슈를 올려요. 그리고 물을 부으면 티슈에 물이 스며들며 코가 점점 길어지는 것을 볼 수 있어요.

Part1 웃음이 가득해지는 활동놀이 **41**

활동 15

스포이드로 만드는
공기방울 애벌레

물 안에 공기가 들어가면 공기방울이 생기지요. 이 공기방울로 애벌레 모양을 만들어 보세요. 에릭 칼의 〈배고픈 애벌레〉를 읽고 독후활동으로 하기 좋은 놀이예요.

이렇게 놀아요

준비물 ▶ 종이, 매직, 물감, 테이프, 트레이, 스포이드

1 다양한 과일들을 그린 후 오려요.

2 시작과 끝을 나타내는 나뭇잎을 그린 후 오려요.

3 여러 색의 물감물을 준비해요.

4 트레이에 테이프로 그림들을 붙여요.

5 원하는 색의 물감물을 트레이에 뿌려요.

6 공기방울을 연달아 만들어 음식까지 이어지도록 해 보세요. 음식을 먹으러 가는 애벌레가 만들어져요.

Let's Play More!

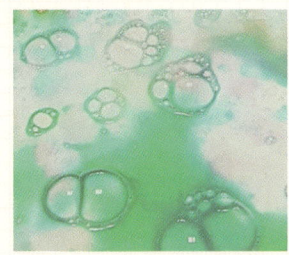

공기방울 눈사람

원하는 색의 물감물을 얇게 부은 뒤, 스포이드로 공기방울을 만들어 눈사람을 만들어 보세요. 만들어진 눈사람을 손으로 톡톡 터트리는 활동도 재미있답니다.

활동 16

양치질을 잘하게 해 주는

각설탕 충치 놀이

초콜릿, 사탕 등 아이들이 좋아하는 간식을 먹일 때마다 충치 걱정이 크지요.
치아 모양을 닮은 각설탕을 이용해 달콤한 음식을 먹었을 때 이가 어떻게 변하는지
알려주는 놀이를 해 보세요.

이렇게 놀아요

준비물 ▶ 각설탕, 종이, 매직, 코팅지, 트레이, 물감물, 스포이드

1 각설탕을 준비해요.

2 종이에 매직으로 우는 얼굴을 그려요.

3 그림을 코팅해요.

TIP 코팅기가 없다면 손 코팅지를 이용해요.

4 그림을 트레이에 넣고, 입 안에 각설탕을 올려서 이를 표현해요.

5 색색의 물감물을 달콤한 음식이라고 생각하고, 스포이드를 이용해 각설탕에 떨어트려요.

6 각설탕이 물에 녹으면서 이가 썩은 듯한 모습이 표현돼요.

Let's Play More!

플레이콘 충치 놀이

각설탕이 없다면 플레이콘으로 충치 놀이를 대신할 수 있어요. 플레이콘도 물에 녹는 성질이 있어 이가 썩은 모습을 표현하기 좋아요. 방법은 위의 각설탕 충치 놀이랑 동일해요.

활동 17

수제 발포물감으로 즐기는

카멜레온 변신 놀이

집에서도 구연산과 베이킹소다만 있으면 발포물감을 만들 수 있어요. 물 안에 넣으면 보글보글 거품이 나며 색이 나오는 수제 발포물감으로 카멜레온 놀이를 해 보세요.

이렇게 놀아요

준비물 ▶ 종이, 파스텔, 베이킹소다, 구연산, 일회용 반찬컵, 검은 색지, 매직, 투명 플라스틱통

1 종이에 파스텔로 색을 칠해요. 장갑을 끼고 베이킹소다와 구연산을 1:1 비율로 섞은 가루를 종이에 부은 후 비벼서 색을 입혀요.
> TIP 파스텔 대신 식용색소 가루도 OK!

2 일회용 반찬컵에 1의 가루를 넣고 하루 정도 실온에서 굳히면 수제 발포물감이 됩니다.

3 검은 색지에 카멜레온을 그린 뒤 칼로 오려 스텐실을 만들어요.

4 발포물감 색에 맞춰서 그림도 같은 색으로 준비해요.
> TIP 카멜레온의 색 변화를 보여 주기 위한 그림이에요.

5 투명 플라스틱통 뚜껑에 카멜레온 스텐실을 붙이고, 통 안에는 물을 채워요.

6 통 안에 초록색 발포물감을 넣고 뚜껑을 닫은 후, 카멜레온이 초록색으로 바뀌는 것을 관찰해요.
> TIP 초록색 나뭇잎을 올려 두고, 카멜레온은 환경에 맞춰 몸의 색깔을 바꾼다고 설명해 주세요.

Let's Play More!

발포물감 무지개떡

발포물감을 만들 때 넉넉히 만들어 두어 여러 놀이에 사용해 보세요. 종이컵에 색별로 층층이 넣은 후, 실온에 이틀 정도 놓아 두면 단단하게 굳어요. 종이컵을 가로로 잘라 조심스럽게 꺼내면 예쁜 무지개떡이 만들어져요. 여기에 물을 뿌리면 보글거리며 거품이 난답니다.

활동 18
바지락 껍질로 꾸미는
바닷가 풍경

바지락 껍질도 놀이 재료로 활용해 보세요. 바지락 껍질로 갈매기와 물고기를 만들어 갈매기가 물고기를 사냥하는 놀이도 하고, 낚시로 물고기를 잡는 놀이도 해 보세요.

준비물 ▶ 바지락 껍질, 클레이, 강력자석, 클립, 글루건, 테이프, 흰 도화지, 물감

1 바지락 껍질을 반으로 잘라 뒤집어서 글루건으로 다른 조개껍질 밑에 붙여요.

2 남은 한 개도 뒤집어서 1에 붙이고 클레이로 눈, 부리, 발을 만들어 붙이면 갈매기 완성!
TIP 종이로 그려 붙여도 됩니다.

3 막대자석 끝에 강력자석을 달고, 막대자석 위에 갈매기를 테이프로 고정해요.

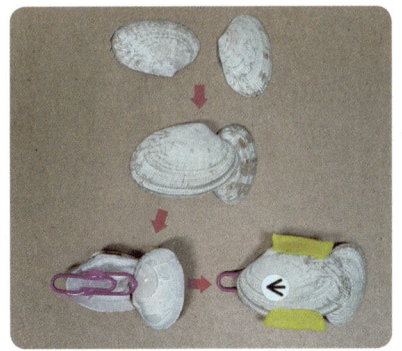

4 바지락 껍질을 반으로 자르고 물고기 모양으로 붙여요. 클립을 글루건으로 고정한 뒤, 클레이로 지느러미를 표현해요.

5 도화지에 물감으로 바다와 배를 그려요.

6 그림에 갈매기와 물고기를 놓고, 갈매기에 달린 자석으로 물고기 잡기 놀이를 해요.
TIP 갈매기는 주로 물 표면에 있는 물고기를 부리로 사냥해요.

Let's Play More!

바지락 올빼미 & 쥐

바지락 껍질로 올빼미와 쥐도 만들 수 있어요. 갈매기 만드는 법에서 얼굴 모양만 바꿔 주면 올빼미가 된답니다. 자석과 클립을 붙여 사냥놀이도 해 보세요. 참고로 올빼미는 갈고리 모양의 날카로운 발톱을 가지고 있어요.

활동 19

곤충을 잡아먹는 식물

자석 파리지옥

유인 냄새를 뿌려 덫으로 들어오게 한 뒤, 자극털을 건드리면 덫을 닫아 버리는 식물이 있어요. 바로 파리지옥이지요. 자석을 이용하여 파리지옥을 만들어 볼까요?

 이렇게 놀아요

준비물 ▶ 색지(초록, 분홍), 원형자석, 스티로폼 박스, 나무젓가락, 강력자석, 글루건, 곤충 그림

1 초록 색지에 동그란 그릇으로 원을 그린 후 오려요. 분홍색 원은 더 작게 그려서 오려요.

2 초록색 원을 반으로 접은 후 파리지옥 잎 모양으로 오리고, 펼친 후 분홍색 원을 붙여요.

3 원형자석에 분홍 색지를 붙인 뒤, 서로 끌어당기도록 잎 양쪽에 하나씩 붙여요.

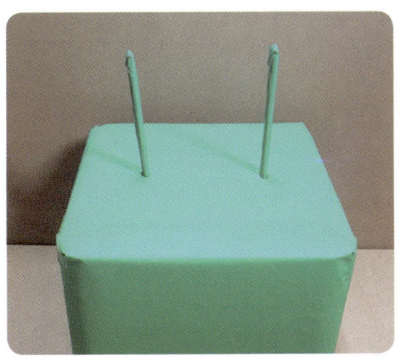

4 초록 색지로 감싼 스티로폼 박스에 나무젓가락을 끼워 준비해요.

5 파리지옥잎의 가운데에 칼집을 내어 나무젓가락을 끼운 후 테이프로 붙여요.

6 나무젓가락 끝에 글루건으로 강력자석을 붙인 후, 그 밑에 곤충 그림을 붙여요.

7 파리지옥 안에 곤충 젓가락을 가져다 대면 강력자석에 의해 잎이 닫혀요.

활동 20

라이스페이퍼로 만드는
끈적끈적 거미줄

라이스페이퍼는 물에 넣기 전에는 딱딱하지만 물에 넣으면 흐물흐물해지고 물기가 살짝 마르면 끈적끈적한 점성이 생겨요. 그래서 거미줄을 표현하기에 딱 좋은 재료지요.

이렇게 놀아요

준비물 ▶ 라이스페이퍼, 매직, 물, 종이 상자 뚜껑

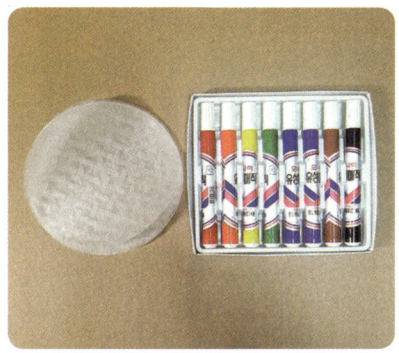

1 라이스페이퍼와 매직을 준비해요.

2 라이스페이퍼를 네모로 자른 뒤, 거미줄을 그려요.

3 라이스페이퍼에 곤충 그림을 그리고, 부서지지 않게 조심히 오려요.

4 2의 라이스페이퍼를 물에 적셔 부드럽게 만든 후 상자 뚜껑에 붙여요.

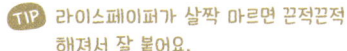
TIP 라이스페이퍼가 살짝 마르면 끈적끈적해져서 잘 붙어요.

5 곤충은 물에 적시지 않고 상자에 올려요. 상자를 이리저리 움직이면서 곤충을 조정하여 거미줄에 걸리지 않고 집까지 도착하는 것이 목표랍니다.

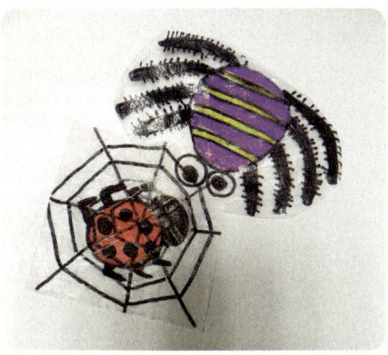

6 이동하다가 끈끈한 거미줄에 붙으면 다른 곤충으로 다시 놀이를 이어 가세요.

Let's Play More!

색깔 그림자 극장

거미줄 놀이 후에 상자를 이용해 극장을 만들어 봐요. OHP필름에 유성매직으로 알록달록 그림을 그려요. 택배상자로 프레임을 만들어 그림을 붙인 후 손전등을 비추면 예쁜 색깔 그림자가 나타나요. 하얀 벽지를 스크린 삼아 그림으로 비추고 이야기 만들기를 해 보세요.

Part1 웃음이 가득해지는 활동놀이

Part 2

상상력이 자라는
미술놀이

21
·미술·

옷걸이로 쉽게 만드는
무지개 물고기

옷장 안에 걸린 옷걸이 3개만 있으면 아주 간단하게 무지개 물고기를 만들 수 있어요.
〈무지개 물고기〉 책을 읽고 독후활동으로 하기 좋은 놀이랍니다.

 이렇게 놀아요

준비물 ▶ 옷걸이 3개, 테이프, 호일, 색종이, 눈알 스티커, 스팽글

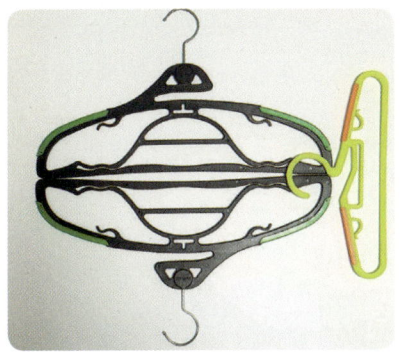

1 옷걸이 2개는 마주보게 붙이고 나머지 하나는 꼬리가 되도록 붙여서 물고기 모양을 만들어요.

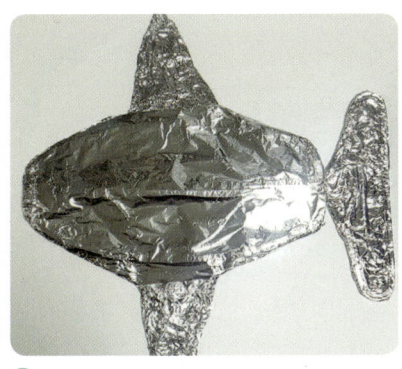

2 옷걸이를 호일로 감싸서 은색 물고기를 만들어요.

3 색종이를 자유롭게 찢거나 가위로 오려 색종이 조각들을 준비해요.

4 풀을 이용해 물고기 몸통에 색종이를 자유롭게 붙여서 무지개 물고기를 만들어요.

5 눈알 스티커를 붙여서 물고기 모양을 완성해요.

6 스팽글이나 보석 스티커 등을 붙여 무지개 물고기의 반짝이 비늘을 표현해요.

Let's Play More!

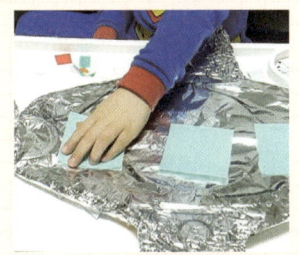

물고기 비행기

색종이를 잘라 네모 3개를 만들어요. 무지개 물고기를 뒤집어서 몸통에 네모를 붙이면 창문이 됩니다. 작은 차이 하나로 물고기가 비행기로 변신하는 것을 통해 아이의 상상력을 자극할 수 있어요.

나만의 간식창고

종이박스 냉장고

큼직한 종이박스가 생긴 날이면 아이에게 냉장고를 선물해 보세요. 아이가 자신만의 간식창고로 쓸 수도 있고, 엄마 흉내를 내며 역할놀이에 푹 빠질 수도 있답니다.

이렇게 놀아요

준비물 ▶ 종이박스 2개, 두부 용기 2개, 계란판, 계란 껍질, 글루건, 호일, 매직(스티커)

1 큰 종이박스의 폭에 맞춰 또다른 박스를 오려 냉장고 선반을 만들어요.

2 큰 종이박스 안에 1에서 만든 선반을 글루건으로 붙여요.

3 두부 용기를 반으로 자른 뒤 냉장고 문 안쪽에 붙여요.

4 종이 계란판을 한 줄만 오려 선반 안에 넣고, 내용물을 뺀 계란 껍질을 올려요.

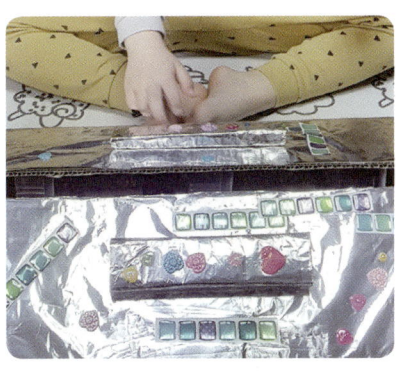

5 호일로 냉장고 외관을 씌운 뒤, 그림을 그리거나 스티커를 붙여서 꾸며요.

6 완성된 냉장고에 소꿉놀이 재료들을 채우고 역할놀이를 해 보세요.

Let's Play More!

종이박스 코끼리

크기가 다른 박스가 여러 개 있다면 코끼리를 만들어 보세요. 박스를 신문지로 포장한 뒤, 코끼리 모양이 되도록 붙여 주면 아이가 아주 좋아하는 놀이 친구가 만들어진답니다.

23 · 미술 ·

알록달록 울퉁불퉁
골판지 뾰족나무

손을 많이 움직이는 놀이는 소근육 발달뿐만 아니라 두뇌 자극에도 효과적이지요. 울퉁불퉁한 골판지를 쏙쏙 누르다 보면 소근육이 자연스럽게 발달하는 놀이예요.

 **이렇게 놀아요**

준비물 ▶ 골판지, 테이프, 흰 도화지, 크레파스

1 기다랗게 잘려 있는 골판지를 준비해요.

2 골판지를 돌돌 만 후, 테이프를 붙여 풀리지 않도록 해요.

3 골판지 가운데를 손가락으로 밀어 고깔모자 모양을 만들어요.

4 종이에 크레파스로 나무 줄기와 가지를 그려요.

5 나뭇가지에 골판지를 올려 알록달록 나뭇잎을 표현해요.

6 뾰족한 골판지를 손으로 꾹 눌러 납작하게 만들어 보세요.

TIP '빨간색만 찾아 누르기'처럼 색 인지 놀이로 연계해 보세요.

Let's Play More!

골판지 손가락 인형

골판지 나무 만들기가 끝나면 동그랗게 만 골판지를 이용해 손가락 인형을 만들어 보세요. 손가락에 눈알 스티커를 붙이고, 골판지 모자를 씌우면 금세 손가락 인형이 만들어집니다.

24 ·미술·

수수깡이 붓으로 변신
팡팡 불꽃놀이

그림을 그릴 때 주로 사용하는 붓 대신 수수깡을 사용해 볼까요? 수수깡은 주로 만들기 재료로 사용되지만, 멋진 불꽃놀이를 표현할 수 있는 붓이 되기도 한답니다.

이렇게 놀아요

준비물 ▶ 수수깡, 물감, 검정색 전지, 반짝이풀(또는 스팽글)

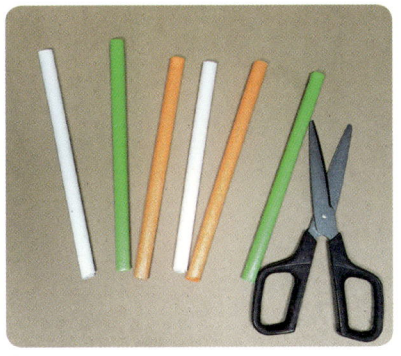

1 수수깡을 아이가 잡기 쉽도록 반으로 잘라요.

2 팔레트에 여러 색의 물감을 짜 주세요.

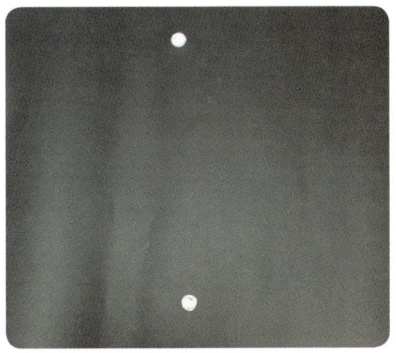

3 수수깡에 물감을 묻힌 다음, 검정색 전지에 중심점을 5~6개 찍어요.

4 수수깡에 물감을 묻혀 중심점에서 바깥 방향으로 쓱쓱 그어 불꽃을 표현해요.

5 수수깡을 도장처럼 찍어 불꽃이 터지는 모습을 표현해요.

6 반짝이풀이나 스팽글로 꾸며 더 생동감 있는 불꽃을 표현해 보세요.

Let's Play More!

불꽃 폭죽 소리

포장김에 들어 있는 습기 제거제를 불꽃 그림 위에 뿌린 후, 스프레이로 물을 뿌려 보세요. 습기 제거제에 물이 닿으면 탁탁 소리를 내면서 튀어 올라 더욱 실감나는 불꽃놀이 작품이 됩니다.

25 ·미술·

사인펜이 번져요

커피필터 종이배

커피필터와 수성 사인펜만 있으면 심미감을 높여 주는 놀이를 할 수 있어요. 물에 의해 번져 나가는 다양한 색채를 보면서 정서적 안정도 얻고 색상 감각도 키워 보세요.

 **이렇게 놀아요**

준비물 ▶ 커피필터, 수성 사인펜, 트레이, 스프레이

1 커피필터 여러 장과 수성 사인펜을 준비해요.

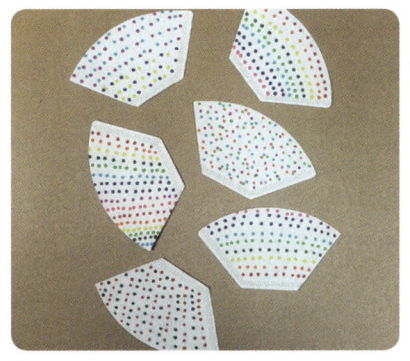
2 커피필터에 수성 사인펜으로 점을 찍어 색을 입혀요.

3 커피필터를 뒤집어 배 모양을 만들어요.

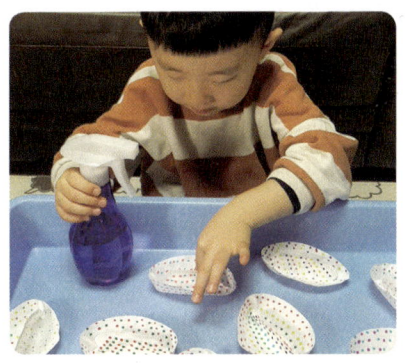
4 배들을 트레이 위에 올려놓아요.

5 스프레이로 배에 물을 뿌려 사인펜이 번지는 모습을 관찰해요.

6 커피필터를 말리면 화려한 색의 종이배가 완성됩니다.

Let's Play More!

커피필터 나비

커피필터 2개에 수성 사인펜으로 점을 찍어 색을 입힌 뒤 스프레이로 물을 뿌려요. 물이 마른 후에 필터 2개의 밑부분을 맞대어 붙이고 빵끈이나 모루로 더듬이를 표현하면 화려한 날개를 가진 나비가 돼요.

26 미술

스티로폼에 꽂아요

면봉 수박 그림

검정색 점이 있는 것에는 무엇이 있을까요? 아이와 함께 생각을 여는 질문에 답을 찾아 보세요. 면봉을 검정색으로 칠한 뒤, 검정색 점이 필요한 곳에 면봉을 꽂아 그림을 완성하는 놀이입니다.

 이렇게 놀아요

준비물 ▶ 스티로폼, 매직, 면봉

1 스티로폼에 매직으로 씨가 없는 수박을 그려요.

2 수박 옆에 개미와 돼지도 그려요. 검정색 점이 들어갈 곳을 동그라미로 표시해요.

3 반대쪽에는 사람의 얼굴과 무당벌레를 그려요. 검정색 점이 들어갈 곳을 동그라미로 표시해요.

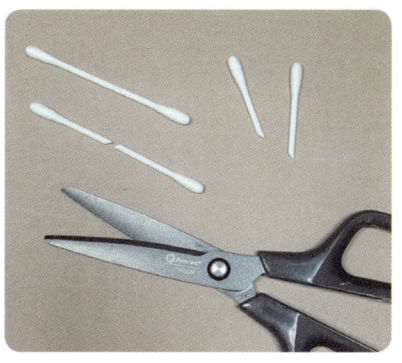

4 면봉을 반으로 잘라요. 이때 사선으로 잘라서 끝이 뾰족해지도록 해요.

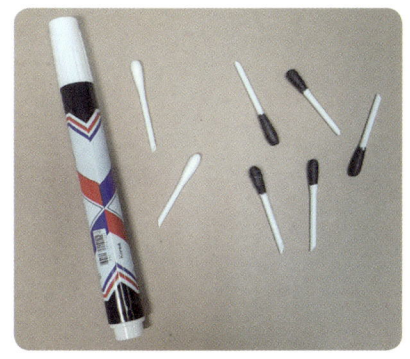

5 면봉 끝을 검정색 매직으로 칠해요.

6 그림에서 검은 점이 필요한 곳에 면봉을 꽂아 그림을 완성해요.

Let's Play More!

면봉 나무 열매

이번에는 면봉을 다양한 색으로 칠해 주세요. 스티로폼에 나무를 그린 뒤 색색의 면봉을 꽂아 나무에 열매가 열린 모습을 표현해요. 빨래집게로 면봉을 뽑으면서 열매 따는 놀이를 해도 재미있어요.

27 ·미술·

밀가루풀을 부어요

무지개 양초

물감을 걱정 없이 마음껏 쓸 수 있는 방법이 있어요. 밀가루풀을 만들어서 색을 입히면 물감처럼 사용할 수 있거든요. 여러 색을 부어 색들이 섞이는 모습도 관찰해 보세요.

 **이렇게 놀아요**

준비물 ▶ 일회용 투명컵(또는 원형통), 호일, 밀가루, 물감, 종이컵, 트레이, 숟가락

1 일회용 투명컵을 호일로 감싸고 뒤집어요.

2 물과 밀가루를 1:1로 섞어서 끓인 뒤 식혀서 밀가루풀을 만들어요.

3 종이컵에 밀가루풀을 덜고 물감을 섞어 색깔을 내 주세요.

4 트레이 안에 1의 원통을 놓고, 그 위에 밀가루풀을 숟가락으로 떠서 부어요. 풀이 흘러내리면서 촛농처럼 보여요.

5 종이에 촛불을 그려 가운데 꽂으면 멋진 초가 됩니다.

6 아이와 마주앉아 누가 먼저 상대쪽으로 불어 넘어트리나 내기를 해 보세요.

Let's Play More!

밀가루풀 몬스터

촛불놀이를 하고 남은 밀가루풀을 트레이에 모두 부어요. 밀가루풀 위에 눈알 스티커를 올려서 몬스터를 만들어 보세요. 트레이를 흔들면 말랑말랑한 질감 때문에 눈알이 흔들거린답니다.

28
· 미술 ·

라이스페이퍼로 확인하는

엄마의 사랑

엄마와 관련된 책을 읽고 독후활동으로 하기 좋은 놀이예요. 마음으로 느끼던 엄마의 사랑을 라이스페이퍼를 통해 보여 주면 아이에게 긴 여운을 남긴답니다.

 이렇게 놀아요

준비물 ▶ 라이스페이퍼, 매직, 트레이

1 라이스페이퍼와 매직을 준비해요.

2 라이스페이퍼에 사진처럼 엄마와 아이를 그려요. 이때 엄마의 손은 제외하고 그려요.

3 라이스페이퍼를 뒤집어서 뒷면에 엄마의 손을 그려요.

TIP 뒷면에 그리면 6번 과정에서 손이 잘 보여요.

4 트레이에 물을 담아요.

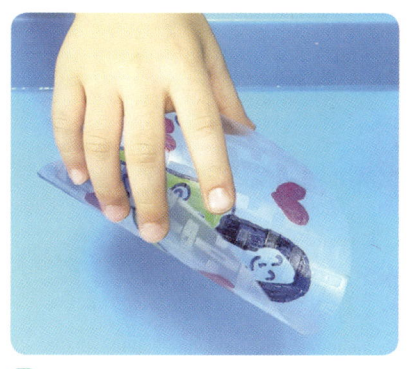

5 라이스페이퍼를 살짝 말아 잡은 뒤 물 위에 살포시 올려요.

TIP 밑바닥부터 물에 닿도록 하고, 윗부분이 물에 젖지 않도록 주의하세요.

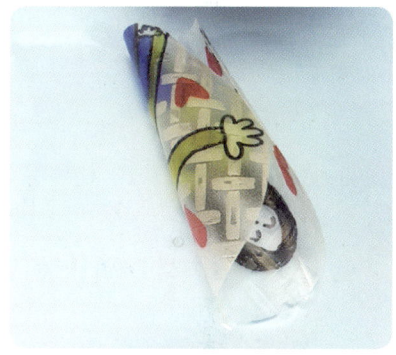

6 라이스페이퍼가 물을 빨아들이면서 양옆이 말려서 엄마가 아이를 품에 안은 모습처럼 보여요.

 Let's Play More!

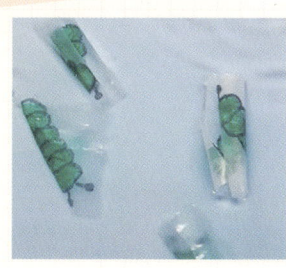

라이스페이퍼 번데기

위와 같은 원리로 번데기도 만들 수 있어요. 라이스페이퍼에 매직으로 애벌레를 그린 다음, 물 위에 살포시 올리면 라이스페이퍼가 동그랗게 말려요. 이를 보면서 애벌레가 번데기로 변하는 나비의 일생을 설명해 줄 수 있어요.

Part2 상상력이 자라는 미술놀이 71

29 ·미술·

택배 오는 날에는
뽁뽁이 벌집

택배상자에 들어 있는 뽁뽁이로 벌집을 만들어 보세요. 물감꿀을 따서 벌집으로 옮기는 놀이를 할 수 있어요. 색이 섞이는 모습을 통해 색 혼합 개념도 익힐 수 있답니다.

 **이렇게 놀아요**

준비물 ▶ 뽁뽁이, 물감, 요거트통, 색종이, 스포이드, 물티슈

1 색종이로 꽃모양을 만들어 요거트통에 붙여요.

2 색색의 물감물을 풀어서 요거트 꽃통에 넣어 주세요.

3 벌 그림을 그리거나 프린트해서 스포이드에 붙여요.

4 스포이드로 꽃에 있는 물감꿀을 따서 뽁뽁이 벌집으로 옮기는 놀이를 해 보세요.

5 서로 다른 색을 옆자리에 떨어뜨리고 색의 변화를 관찰하며 색 혼합을 익혀요.

6 물티슈를 뽁뽁이에 올려 양봉놀이를 해 보세요. 물티슈가 여러 색으로 물들면서 무지개꿀을 채취할 수 있답니다.

 **Let's Play More!**

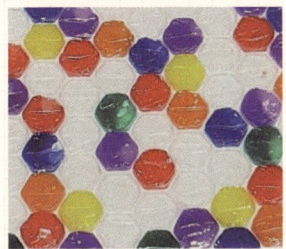

대형 뽁뽁이 벌집

창문에 붙이는 보온용 뽁뽁이도 사용해 보세요. 보온용 뽁뽁이는 동그라미 모양이 아니라 육각형 모양으로 되어 있고, 육각형의 크기도 크기 때문에 벌집 모양을 표현하기에 더 좋아요. 또 일회용 주사기를 사용해 뽁뽁이 안에 물감을 채우는 놀이도 해 보세요.

30
·미술·

빨간 얼음의 변신

수박얼음 무당벌레

다 먹은 수박 껍질에 물을 부어 얼려서 수박얼음을 만들어 보세요. 수박얼음을 뒤집으면 무당벌레가 되는 일석이조 놀이랍니다. 수박과 무당벌레의 공통점도 찾으며 놀아 보세요.

 **이렇게 놀아요**

준비물 ▶ 수박 껍질, 빨간색 물감, 검정색 폼폼이, 일회용 투명컵 뚜껑, 검정 색종이

1 반으로 자른 빈 수박 껍질 안에 빨간색 물감 물을 채우고 검정색 폼폼이를 넣어 씨를 표현해요.

2 쟁반에 수박을 올린 후 냉동실에서 1~2일 정도 꽝꽝 얼려요.

3 수박얼음을 뒤집어서 그릇에 올려요. 수박 겉면에 서리가 끼면 손가락으로 그림을 그려 보세요.

4 일회용 투명컵 뚜껑을 반으로 자른 뒤, 검정 색종이를 붙여 무당벌레 머리를 만들어요.

5 원형 펀치로 검정 색종이를 뚫어 무당벌레의 검은 점을 만들어요.

6 수박 껍질을 제거한 얼음에 검은 점과 머리를 붙이면 무당벌레가 완성돼요.

 **Let's Play More!**

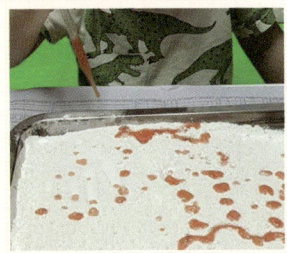

수박얼음으로 그림 그리기

수박얼음을 믹서기에 갈면 천연물감이 됩니다. 하얀 밀가루를 도화지처럼 펼친 뒤, 스포이드로 수박즙을 떨어트려 그림을 그려 보세요. 아이가 스포이드 사용에 익숙하지 않다면 약병을 사용해도 좋아요.

31 ·미술·

배 포장지를 오려 붙이면
롱다리 문어

배 포장지는 다양한 놀이 재료로 활용되므로 버리지 말고 차곡차곡 모아 놓으세요.
배 포장지 3개만 있으면 문어를 만들어 재미있는 먹물 쏘기 놀이를 할 수 있어요.

 이렇게 놀아요

준비물 ▶ 배 포장지 3개, 눈알 스티커, 글루건, 스포이드, 테이프, 흡착판, 검은 물감

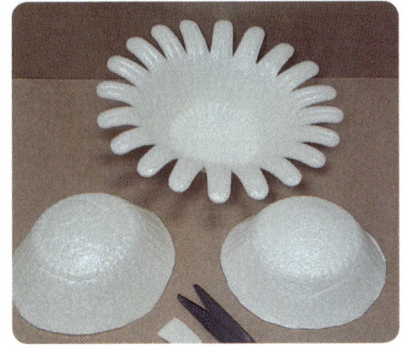

1 배 포장지 2개의 꽃 모양 부분을 모두 잘라서 그릇 형태를 만들어요.

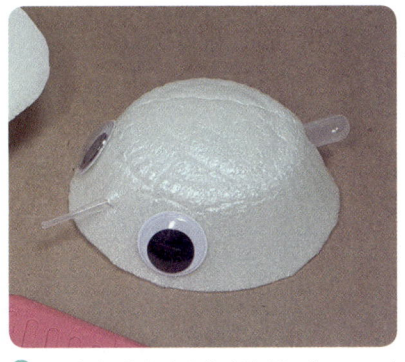

2 포장지 1개의 앞뒤에 가위집을 내고 스포이드를 끼워 코를 표현해요. 눈알을 붙인 뒤, 포장지 2개를 붙여 문어 머리를 만들어요.

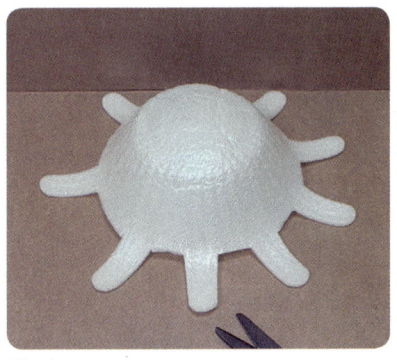

3 또다른 배 포장지의 꽃 모양 부분을 하나 건너 하나씩 잘라요.

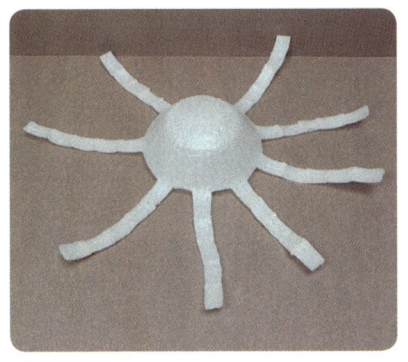

4 3에 잘라 낸 꽃모양을 여러 개 이어 붙여서 기다란 문어 다리를 표현해요.

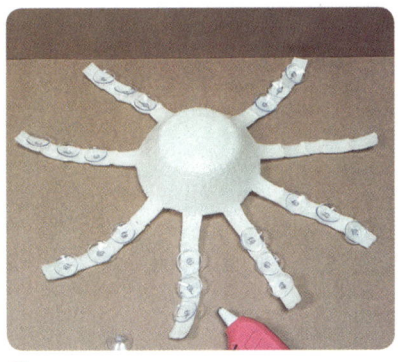

5 문어 다리에 가위집을 살짝 낸 뒤 흡착판을 끼우고 뒷면에 글루건을 쏴서 고정시켜요.

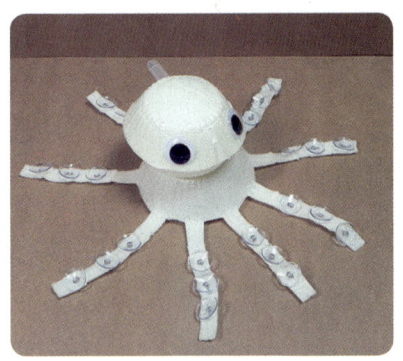

6 2에서 만든 머리를 붙여 문어를 완성해요. 스포이드로 검은 물감을 빨아들여 먹물 쏘기 놀이를 해 보세요.

Let's Play More!

배 포장지 물레방아

배 포장지 2개를 맞대어 붙인 후, 가운데에 구멍을 내어 야광봉(또는 빨대)을 끼워요. 일회용 커피컵 뚜껑에 홈을 내어서 야광봉 거치대를 만들면 멋진 물레방아를 만들 수 있어요. 페트병 뚜껑에 송곳으로 구멍을 뚫어 주면 물레방아를 돌리기 좋은 유속을 만들 수 있어요.

32 ·미술·

나도 미용사

휴지 머리카락 염색 놀이

미용실 놀이는 아이들이 참 좋아하는 놀이지요. 휴지로 머리카락을 만들어 미용실 놀이를 할 수 있어요. 휴지에 다양한 색의 물감물을 들여 염색 놀이를 즐겨 보세요.

이렇게 놀아요

준비물 ▶ 일회용 투명컵, 흰 종이, 매직, 휴지, 물감, 스포이드, 테이프

1 종이를 투명컵 안에 들어가도록 자른 후, 눈, 코, 입을 그려요.

2 투명컵을 뒤집고 컵 안쪽에 얼굴 그림을 붙여요.

3 휴지를 길게 접어서 컵 위에 붙여 머리카락을 만들어요.

4 여러 가지 색의 물감을 푼 물과 스포이드를 준비해요.

5 머리카락에 원하는 색의 물감을 뿌려 염색 놀이를 해 보세요.

6 물감이 마르면, 휴지 머리카락을 자르는 놀이도 해 보세요.

Let's Play More!

휴지죽 딸기

딸기를 먹은 후 남는 초록색 꼭지를 이용해 딸기를 만들어 보세요. 휴지에 빨간 물감을 물들인 후 딸기 모양을 만들고 꼭지만 올리면 완성! 참깨나 보리로 딸기 씨를 표현해도 좋아요.

₃₃
·미술·

플로랄폼 마술로
나팔꽃 피우기

꽃꽂이에 사용되는 플로랄폼을 이용하면 종이 나팔꽃에 활력을 불어넣을 수 있답니다.
하얀색이던 나팔꽃이 점점 보랏빛으로 변하는 마술을 체험해 보세요.

 이렇게 놀아요

준비물 ▶ 커피필터, 수성 사인펜, 플로랄폼, 트레이

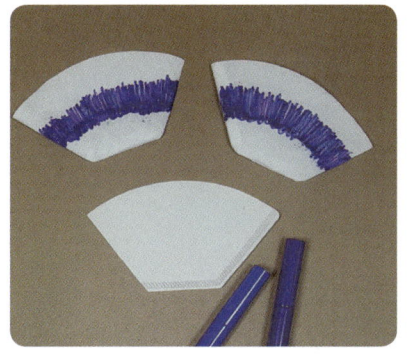

1 커피필터를 뒤집고 필터의 중간부분에 수성 사인펜으로 나팔꽃 색을 칠해요.

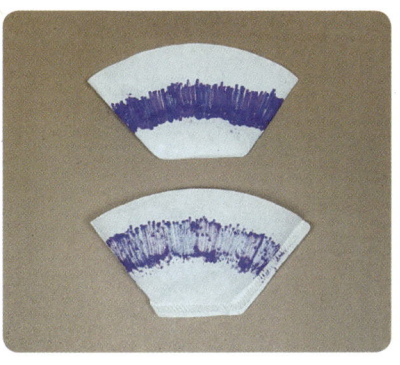

2 색칠이 끝나면 다시 커피필터를 뒤집어요.

3 커피필터 밑쪽을 오므린 후 한쪽 방향으로 돌돌 말아서 나팔꽃 모양을 만들어요.

4 플로랄폼을 물에 담가 물을 충분히 흡수하게 해요.

TIP 플로랄폼은 오아시스라고도 해요.

5 플로랄폼에 펜으로 구멍을 낸 뒤, 나팔꽃 끝을 구멍 안에 넣어요.

6 시간이 지나면서 커피필터가 물을 빨아들여 사인펜이 번지면서 예쁜 나팔꽃이 피어나요.

 Let's Play More!

나팔꽃 덩굴 표현하기

놀이에서 만든 나팔꽃을 잘 말려 주세요. 키친타월심에 초록색 모루를 돌돌 감아 나팔꽃의 덩굴 줄기를 표현합니다. 모루 사이에 나팔꽃을 끼워 테이프로 고정시켜요. 나뭇잎도 그려서 붙여 주면 완성입니다.

데칼코마니로 멋지게

팔랑팔랑 나비 날개

데칼코마니는 나비를 만들 때 자주 사용되는 기법이지요.
흰 종이 대신 OHP필름을 사용하면 날개의 질감을 더 실감나게 표현할 수 있어요.
폼폼이로 애벌레를 만들어 나비의 일생도 알려 주세요.

 이렇게 놀아요

준비물 ▶ OHP필름, 물감, 폼폼이, 눈알 스티커, 수수깡, 글루건

1 OHP필름에 물감을 짠 뒤 반으로 접어서 대칭이 되는 무늬를 만들어요.

2 OHP 필름을 나비 날개 모양으로 오려요.

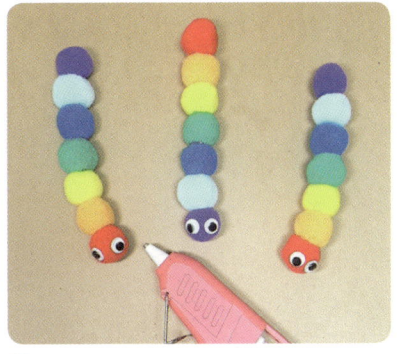

3 폼폼이를 글루건으로 이어 붙이고 눈알을 붙여 애벌레를 만들어요.

4 2를 접어 번데기라고 하고, 3의 애벌레가 번데기 속으로 들어가는 모습을 통해, 애벌레가 번데기가 되는 과정을 설명해 주세요.

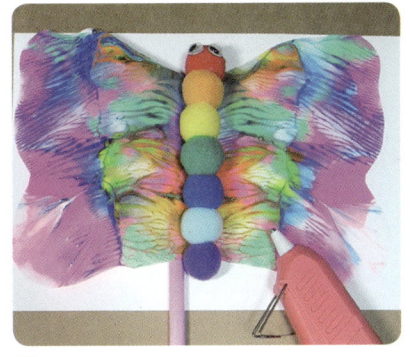

5 날개 위쪽 가운데에 애벌레를 붙이고, 날개 아래쪽 가운데에 수수깡을 붙여요.

6 수수깡 손잡이를 잡고 나비 날개를 움직이며 역할놀이를 해 보세요.

Let's Play More!

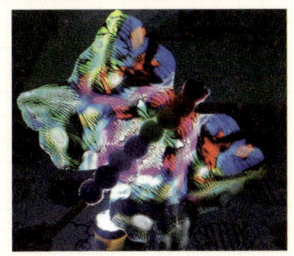

나비 날개 불빛에 비추기

불을 끄고 손전등으로 나비 날개를 비춰 보세요. 물감이 붙었다 떨어진 자국들이 나비의 날개 질감과 비슷해 보여요. 또 검은 그림자가 아닌 색깔 그림자도 볼 수 있어요.

Part2 상상력이 자라는 미술놀이

35 미술

크리스마스에 어울리는

솔방울 아이스크림 트리

크리스마스가 다가오면 솔방울을 색칠하여 아이스크림 트리를 만들어 보세요.
반짝이풀은 시럽처럼, 스팽글은 토핑처럼 사용하기 좋아요.
만든 후에 아이스크림 가게 놀이도 해 보세요.

 **이렇게 놀아요**

준비물 ▶ 솔방울, 아크릴 물감, 휴지심, 갈색 색종이, 글루건, 반짝이풀, 스팽글

1 솔방울을 초록색 아크릴 물감으로 칠해요.

2 휴지심을 갈색 색종이로 감싸 나무 줄기를 만든 후, 아이스크림 콘 모양을 그려요.

3 글루건으로 휴지심에 솔방울 2~3개를 위로 덧붙여요.

4 반짝이 가루와 스팽글 등 아이스크림을 꾸밀 재료를 준비해요.

5 반짝이풀이나 목공풀을 솔방울에 골고루 발라요.

6 솔방울 위에 각종 재료를 붙여서 맛있는 아이스크림을 만들어요.

Let's Play More!

솔방울 부엉이

솔방울로 부엉이를 만들어 볼 수도 있어요. 색종이나 펠트지로 부엉이의 얼굴과 날개를 만들어 글루건을 이용하여 붙입니다. 모루로 부엉이 발을 만들어 주면 귀여운 부엉이가 완성됩니다.

36 미술

국수를 염색해서 말면

무지개 국수 꽃

국수는 촉감놀이에 좋은 재료이지요. 삶기 전에는 딱딱한 막대 모양이지만, 삶고 나면 몰랑몰랑 부드러운 촉감으로 변하니까요. 색색의 물감으로 염색하여 포크로 말아 예쁜 국수 꽃도 만들 수 있답니다.

 이렇게 놀아요

준비물 ▶ 국수, 일회용 컵, 물감, 흰 도화지, 종이컵, 트레이, 포크

1 삶은 국수와 포크를 준비해요.

2 일회용 컵에 국수와 물감을 넣고 색이 물들도록 비벼 주세요.

3 흰 종이 위에 종이컵을 대고 동그라미 꽃을 그려요.

4 포크로 국수를 돌돌 말아요.

5 그려 둔 꽃모양 위에 돌돌 만 국수를 다양하게 올려요.

6 동그라미를 모두 채우면 화려한 국수 꽃밭이 탄생해요.

 Let's Play More!

국수 미용실 놀이

꽃을 만들고 나서 미용실 놀이로 연계해 보세요. 종이에 머리카락이 없는 얼굴을 그린 뒤, 물들인 국수로 다양한 헤어스타일을 연출해 보세요.

37 · 미술 ·

돌돌이 테이프로

쇠똥구리 만들기

청소할 때 사용하는 돌돌이 테이프로 쇠똥을 굴리고 다니는 쇠똥구리를 만들어 보세요.
종이를 찢으며 부정적인 감정들도 해소되고 스트레스도 풀릴 거예요.

 이렇게 놀아요

준비물 ▶ 돌돌이 테이프, 검은 색지, 갈색 한지, 트레이, 시트지, 테이프

1 검정 색지에 쇠똥구리를 그려서 오려요.
TIP 책이나 인터넷에서 쇠똥구리 이미지를 미리 찾아 놓으면 좋아요.

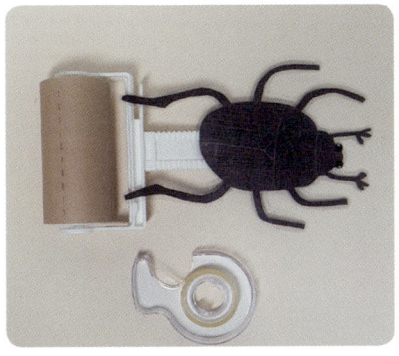

2 돌돌이 테이프의 손잡이에 쇠똥구리를 붙여요.

3 종이에 쇠똥을 그리고 시트지로 덮은 뒤, 트레이에 테이프로 고정해요.

4 쇠똥색의 한지를 찢어 쇠똥을 만들어요.

5 돌돌이 테이프를 굴려 쇠똥을 모아요.

6 테이프에 똥이 다 차면, 쇠똥을 뜯어서 동그랗게 구겨 똥 덩어리를 만들어요.

Let's Play More!

돌돌이 테이프 도넛

남은 돌돌이 테이프로 도넛을 만들 수 있어요. 색종이를 잘게 잘라 색깔별로 분류하고, 테이프는 도넛 모양으로 오려 주세요. 테이프의 끈끈한 부분을 색종이 위에 눌렀다 떼면 알록달록 맛있는 도넛이 만들어져요. 색종이 대신 색모래를 활용해도 좋아요.

Part2 상상력이 자라는 미술놀이

38
·미술·

우유팩으로 만드는
짹짹짹 새끼 제비

우유를 마시고 나면 우유팩을 이용해 새끼 제비를 만들어 보세요.
엄마 제비가 되어 직접 입으로 애벌레를 먹여 주며 집중력도 키울 수 있어요.

 **이렇게 놀아요**

준비물 ▶ 우유팩, 아크릴 물감, 붓, 종이 스타핑, 초록색 모루, 빨대, 강력자석

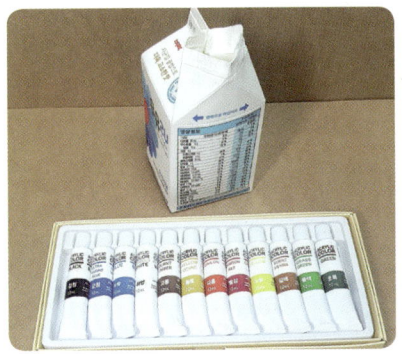

1 깨끗이 씻어서 말린 우유팩과 아크릴 물감을 준비해요.

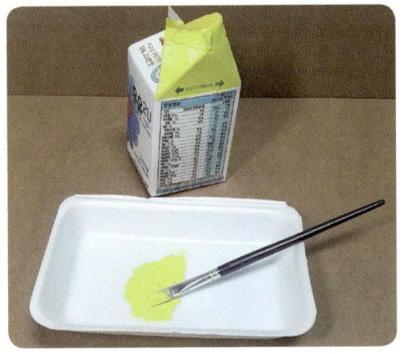

2 우유팩의 입구 부분을 노란 아크릴 물감으로 칠해요.
TIP 칠하는 대신 색종이를 이용해도 돼요.

3 나머지 부분은 검정색 물감으로 칠하고, 다 마르면 눈 스티커를 붙여요.

4 종이 스타핑으로 둥지를 만들어 새끼 제비들을 그 안에 넣어요.
TIP 스타핑 대신 신문지나 뽁뽁이를 구겨서 깔아도 좋아요.

5 초록색 모루를 적당한 길이로 자른 후 구불구불한 모양으로 만들어 애벌레를 표현해요.

6 빨대 끝에 강력자석을 붙인 뒤 애벌레를 잡아 새끼 제비 입 안으로 넣어요.
TIP 빨대를 입에 물고 먹이를 옮기면 엄마 제비가 된 것 같아요.

Let's Play More!

우유팩 트리

우유팩을 초록색 색종이로 감싸 트리 부분을, 갈색 색종이로 감싸 나무 기둥 부분을 만들어요. 우유팩에 까슬이 테이프를, 장식들에는 보슬이 테이프를 붙인 후 장식들로 크리스마스트리를 꾸며요.

Part2 상상력이 자라는 미술놀이

39
·미술·

입체감이 살아 있는

계란판 부엉이

버려지는 계란판을 이용해 부엉이 만들기를 해 보세요. 계란판을 재활용하여 부엉이가 만들어지는 과정을 지켜보면서 아이는 재료를 탐색하는 능력을 키울 수 있어요.

이렇게 놀아요

준비물 ▶ 종이 계란판, 물감, 붓, 글루건, 송곳, 할핀

1 종이로 된 계란판에서 뚜껑을 잘라내요.

2 뚜껑 부분에 연필로 부엉이 몸통을 그린 후 가위로 오려요.

3 계란판 바닥 부분을 사진처럼 오려서 부엉이 눈과 뾰족한 부리, 날개를 만들어요.

4 물감으로 부엉이를 예쁘게 채색해요.

5 물감이 마르면 3에서 만든 부엉이 눈을 글루건으로 몸통에 붙여요.

6 송곳으로 날개와 몸통에 구멍을 뚫은 뒤 할핀으로 고정하면 날개를 움직일 수 있어요.

Let's Play More!

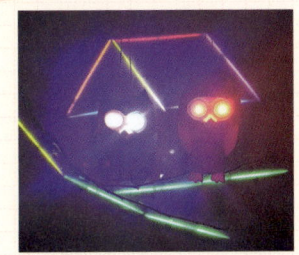

눈이 빛나는 부엉이

부엉이 눈 부분에 LED 촛불을 끼워 보세요. 야광봉을 활용하여 부엉이가 앉아 있는 나뭇가지도 만들어 주면 좋아요. 방을 어둡게 하고 불을 켜면 어둠 속에서 눈이 빛나는 부엉이를 표현할 수 있답니다.

40 미술

휴지로 만드는
하늘하늘 민들레 홀씨

봄이 되면 하얀 민들레 홀씨들을 자주 볼 수 있지요. 민들레 홀씨가 어떻게 날아가 꽃을 피우는지 책으로 접할 수도 있지만, 놀이를 통해 직접적으로 느끼도록 해 주세요.

 **이렇게 놀아요**

준비물 ▶ 도화지, 찰흙, 휴지, 면봉, 색종이, 유산지, 테이프, 노란색 물감, 스프레이

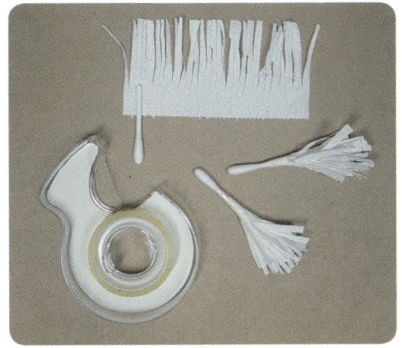

1 휴지를 반으로 자른 다음, 한쪽을 가늘게 오려요. 반으로 자른 면봉을 휴지에 놓고 돌돌 말아 테이프로 고정하면 민들레 홀씨가 돼요.

2 흰 종이를 원 모양으로 자른 후 바닥에 깔고 그 위에 1의 홀씨들을 동그랗게 올려요. 초록 색종이로 줄기와 잎을 만들어요.

3 도화지 아래쪽에 찰흙을 얇게 펴서 땅을 표현해요.

4 유산지를 얇게 오려 작은 민들레를 만들고, 2에서 만든 민들레와 함께 꽃밭을 꾸며요.
TIP 유산지는 포장된 빵에 들어 있어요.

5 홀씨를 찰흙에 꽂으면서 바람에 날려 땅에 떨어진 민들레 홀씨라고 말해 줘요.

6 스프레이로 노란색 물감물을 홀씨에 뿌려서 다시 민들레가 생기는 성장 과정을 표현해요.

Let's Play More!

무지개 민들레 꽃밭

키친타월을 동그랗게 오린 뒤, 검정색 매직으로 민들레 홀씨를 표현해요. 수성 사인펜으로 키친타월에 점을 찍어 색을 입힌 후 스프레이를 뿌려 색이 번지는 모습을 관찰해요. 마르고 나면 도화지 위에 꽃을 붙이고, 색종이로 민들레잎을 오려 붙여서 무지개 민들레 꽃밭을 만들어 보세요.

Part 2 상상력이 자라는 미술놀이

Part 3

오감자극
자연물놀이

41 자연물

열매에 가지를 꽂으면
청포도 루돌프

청포도를 먹고 남은 가지를 보고 루돌프의 뿔 모양을 연상해 본 적 있나요? 크리스마스 즈음에 청포도로 루돌프를 만들며 즐거운 시간을 가져 보세요.

 이렇게 놀아요

준비물 ▶ 청포도, 흰 접시(흰 종이), 빨간 매직

1 청포도를 가지에서 모두 분리해요.

2 가지를 루돌프 뿔 모양으로 잘라요.

3 청포도에 뿔 모양 가지를 꽂고 눈 스티커를 붙여요.

4 작게 자른 가지 끝에 빨간색을 칠하고 포도에 꽂아 코를 표현해요.

5 청포도를 길게 반으로 잘라 루돌프 몸통을 만들어요.

6 가지를 다듬어 다리를 만들고, 남은 포도로 트리나 썰매도 표현해 보세요.

Let's Play More!

청포도 애벌레

꼬치에 방울토마토 하나와 청포도 3~4개를 끼워요. 포도 가지를 짧게 잘라 방울토마토 위에 꽂고 색종이로 애벌레 눈을 만들어 붙여 주세요. 에릭 칼의 '배고픈 애벌레'를 읽고 독후활동으로 하면 좋아요.

42 · 자연물 ·

멋지게 싹둑싹둑
굴껍질 미용실 놀이

굴껍질로 미용실 놀이를 해 보세요. 굴껍질 안쪽이 흰색이기 때문에 염색 놀이를 하기에 좋답니다. 가위로 굴껍질 머리카락을 자르며 미용사가 되어 보세요.

 이렇게 놀아요

준비물 ▶ 귤, 종이컵, 눈 스티커, 수성 사인펜

1 귤을 먹고 귤껍질을 모아 주세요.

2 상온에 보관한 귤을 종이컵 위에 올린 후, 눈 스티커를 붙여요.

3 귤껍질의 흰 부분이 밖으로 나오도록 뒤집어서 귤 위에 양면테이프로 붙여요.

4 수성 사인펜을 준비해요.

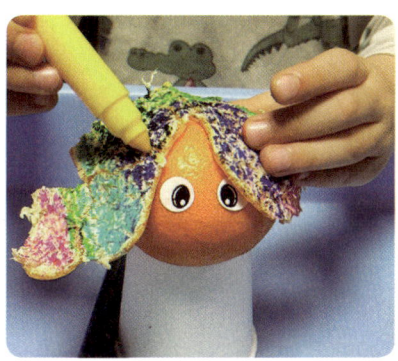
5 귤껍질을 원하는 색으로 칠하면서 염색 놀이를 해요.

6 가위로 껍질을 잘라 다양한 헤어스타일을 연출해 보세요.

Let's Play More!

귤껍질 양

귤껍질의 흰 부분은 양털의 질감과 비슷하지요. 귤껍질을 최대한 넓게 깐 다음 동그랗게 잘라 양의 몸통을 만들어요. 남은 귤껍질을 양의 머리 모양으로 자르고 눈을 그려요. 머리와 몸통을 붙이면 양이 완성돼요.

Part3 오감자극 자연물놀이

43 자연물

노란 꿀이 가득한

바나나 벌집

간식시간을 달콤한 놀이 시간으로 만들어 보면 어떨까요? 바나나를 동그랗게 썰어 바나나 껍질만 남기면 금세 벌집이 만들어져요. 간식도 먹고 재료 탐색 시간도 가져 보세요.

 이렇게 놀아요

준비물 ▶ 바나나, 하드 막대(나무젓가락), 매직, 이쑤시개, 접시, 테이프

1 색종이를 꽃잎 모양으로 오린 후, 테이프로 접시에 붙여요.

2 바나나 껍질을 벌의 몸통 모양으로 오리고, 검정색 줄을 그어 벌의 몸통을 표현해요.

3 하드 막대에 이쑤시개를 붙이고, 그 위에 벌의 머리와 몸통을 붙여요.

4 바나나를 동그랗게 잘라 내용물은 빼서 꽃 접시에 담고, 남은 껍질로 벌집을 만들어요.

5 벌에 달린 이쑤시개로 꽃(꽃 접시)에서 꿀(바나나)을 따서 벌집으로 옮기는 놀이를 해 보세요.

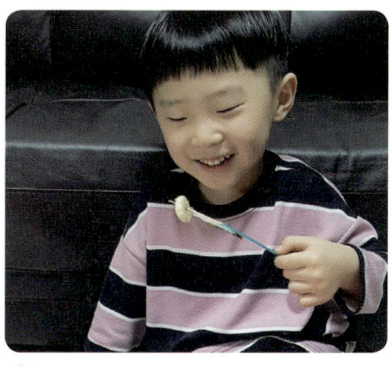

6 열심히 꿀을 모은 후에는 달콤한 꿀(바나나)을 먹는 간식시간을 가져요.

 Let's Play More!

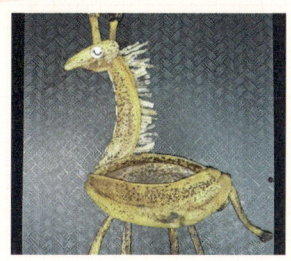

바나나 기린

바나나 껍질에 갈색 점박이 무늬가 생겼을 때 기린을 만들어 보세요. 점박이 모습이 기린의 무늬와 닮았거든요. 재료를 다른 시각으로 바라보면 아이의 상상력이 커진답니다.

Part3 오감자극 자연물놀이   103

44 ·자연물·

빨간 도장을 찍으면
연근 무당벌레

구멍이 뚫린 연근을 도장 삼아 찍어 보세요. 동그란 모양의 연근 안에 구멍이 나 있는 모습이 무당벌레를 닮았답니다. 연근의 특징을 이용해 또 무엇을 만들 수 있을까요?

 이렇게 놀아요

준비물 ▶ 연근, 무, 흰 도화지, 물감(빨간색, 검정색), 면봉, 눈알 스티커

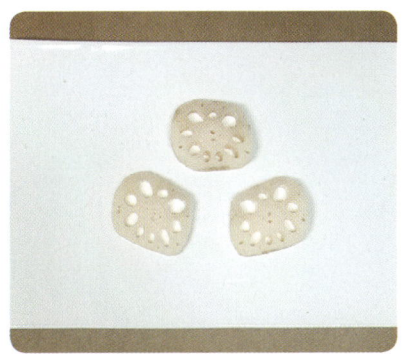

1 연근 껍질을 벗긴 후 적당한 두께로 잘라요.

2 팔레트에 빨간색 물감을 짠 뒤, 연근에 물감을 묻혀 흰 종이에 도장을 찍어요.

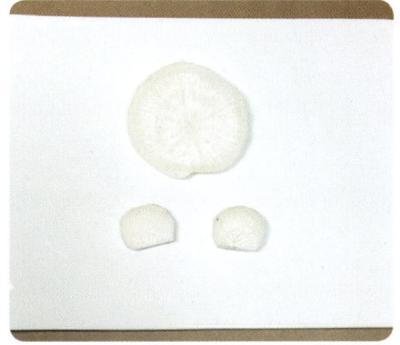

3 무를 무당벌레 머리 모양으로 잘라요.

TIP 감자, 당근 등 다른 채소를 이용해도 좋아요.

4 무에 검정 물감을 묻혀 연근 도장 옆에 찍어서 무당벌레 머리 모양을 만들어요.

5 연근의 구멍은 검정색 물감을 묻힌 면봉으로 콕콕 찍어요.

6 검정 물감을 묻힌 면봉으로 다리를 그리고, 눈알 스티커를 붙여요.

Let's Play More!

입체감 있는 무당벌레

도장 찍기를 한 연근과 무를 잘 말린 후 이쑤시개를 이용하여 연근과 무를 연결시켜요. 연근의 구멍 안에 검정콩을 넣어 점을 표현해요. 눈알 스티커까지 붙이면 입체감 있는 무당벌레를 만들 수 있어요.

45 ·자연물·

귀엽고 싱그러운
브로콜리 거북이

아이들은 대부분 브로콜리를 먹기 싫어하지요. 브로콜리를 다양한 형태로
조각 내어 거북이를 만들어 보세요. 귀여운 거북이로 즐거운 시간을 갖고 나면
브로콜리가 좋아질지도 몰라요.

 이렇게 놀아요

준비물 ▶ 브로콜리 2개, 칼, 이쑤시개

1 브로콜리 밑둥을 잘라요.

2 밑둥을 얇게 자른 뒤 거북이 등껍질 모양이 되도록 육각형으로 다듬어요.

3 남은 밑둥으로 거북이 머리와 꼬리를 만들어요. 몸통을 잘라 다리 4개도 만들어요.

4 브로콜리 몸통 위에 등껍질 모양을 올린 후 이쑤시개를 꽂아요.

5 머리와 꼬리도 이쑤시개를 사용하여 연결해요.

6 다리도 이쑤시개를 사용해 몸통에 꽂아요.

 Let's Play More!

브로콜리 꽃다발

당근이나 파프리카처럼 색감이 알록달록한 채소들을 모양 틀로 찍은 후, 브로콜리에 이쑤시개로 고정해 꽃다발을 만들어 보세요. 가지고 논 다음 브로콜리 꽃다발로 예쁜 꽃볶음밥도 만들어서 먹어 보세요.

Part3 오감자극 자연물놀이 **107**

46 자연물

노란 은행잎의 변신
은행잎 파인애플

가을 끝자락이면 다양한 색깔의 낙엽들을 쉽게 구할 수 있지요. 낙엽은 아이들에게 천연 장난감이 되어 준답니다. 노란 은행잎으로 파인애플을 만들어 보세요.

 이렇게 놀아요

준비물 ▶ 은행잎, 노란 낙엽, 초록 단풍잎, 테이프, 매직

1 노란색 낙엽을 파인애플 몸통 모양으로 오려요.

2 노란잎 위에 초록색 단풍잎을 붙여 파인애플 잎을 표현해요.

3 파인애플 몸통에 매직으로 무늬를 그려요.

4 은행잎을 사진처럼 오려서 파인애플 조각을 만들어요.

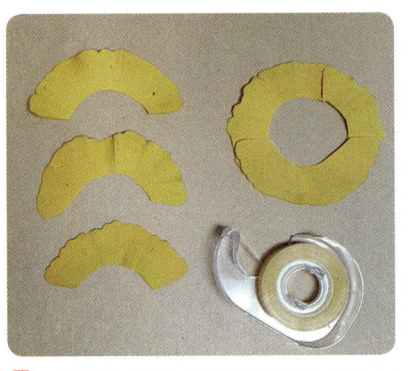

5 파인애플 조각을 여러 개 만든 후 붙여서 동그란 파인애플 모양을 만들어요.

6 노란빛의 상큼한 파인애플이 완성됐어요.

 Let's Play More!

은행잎 상상놀이

은행잎을 보면 연상되는 사물이 있는지 아이에게 질문해 보세요. 다른 사물을 연결 짓는 상상을 해 봄으로써 고정된 생각의 틀도 깰 수 있고 창의력도 발달시킬 수 있답니다.

47 ·자연물·

가을 자연물로 꾸미는
낙엽 작품 전시회

가을에는 놀이 재료로 쓰기 좋은 자연물이 풍부하지요. 낙엽, 솔방울 등 가을 자연물을 모으면서 관찰력을 증진시키고, 어떤 모양으로 만들지 생각하며 사고력도 키워 보세요.

 이렇게 놀아요

준비물 ▶ 가을 자연물(낙엽, 솔방울 등), 흰 도화지, 눈 스티커, 테이프

1 솔방울과 노란 낙엽으로 만든 해바라기

2 다양한 색의 단풍잎으로 만든 공작새

3 노랗게 물들기 시작한 은행잎과 갈색 낙엽으로 만든 사자

4 다양한 색과 모양의 단풍잎으로 만든 바닷속 풍경

5 메타세콰이어 잎으로 만든 가시고기

6 나뭇가지로 그리고 솔잎으로 색칠한 자동차

7 여러 색의 낙엽들로 만든 나비

8 빨간 단풍잎으로 만든 꽃게

9 낙엽으로 만든 박쥐 날개

Part3 오감자극 자연물놀이

48 · 자연물 ·

숲속 요정이 쓰는

나뭇잎 모자

나뭇잎들을 모아 모자를 만들어 보세요. 나뭇잎 모자를 쓰며 나무도 되어 보고 숲속을 지키는 요정도 되어 볼 수 있답니다. 자연을 품은 모자로 아이의 상상력을 자극해 보세요.

 이렇게 놀아요

준비물 ▶ 나뭇잎, 풍선, 목공풀, 붓

1 원하는 색과 모양의 나뭇잎들을 준비해요.

2 풍선을 아이의 머리보다 조금 크게 분 다음, 윗부분에 붓으로 목공풀을 발라요.

3 풀을 바른 곳에 나뭇잎들을 붙여요.

4 나뭇잎 위에 목공풀을 한 번 더 발라 떨어지지 않게 꼼꼼히 붙여요.

5 목공풀이 투명해질 때까지 말린 후 풍선을 터트려 제거해요.

6 목공풀이 완전히 마르면 큰 낙엽 등을 붙여서 모자를 꾸며요.

 Let's Play More!

종이접시 나뭇잎 모자

종이접시를 활용해 나뭇잎 모자를 간단하게 만들 수 있어요. 종이접시의 안쪽 동그라미 부분을 칼로 피자 모양으로 8등분하여 잘라요. 잘린 부분을 위로 접어 올리고 나뭇잎과 꽃으로 모자를 꾸밉니다.

Part3 오감자극 자연물놀이 113

49 ·자연물·

보랏빛으로 조물조물

클레이 포도송이

포도를 먹은 후 껍질과 가지를 오감놀이 재료로 활용해 보세요. 포도껍질을 갈아 밀가루 반죽을 물들이면 천연 클레이가 되거든요. 은은한 포도향과 색감이 주는 안정감도 느껴 보세요.

 **이렇게 놀아요**

준비물 ▶ 포도 껍질, 포도 가지, 믹서기, 밀가루, 기름

1 포도를 먹은 후 가지와 껍질을 모아요.

2 포도 껍질을 믹서기에 갈아 천연 물감물을 만들어요.

3 밀가루에 2에서 만든 포도물과 기름 1~2 숟가락을 넣고, 보라색 클레이가 되도록 잘 반죽해요.

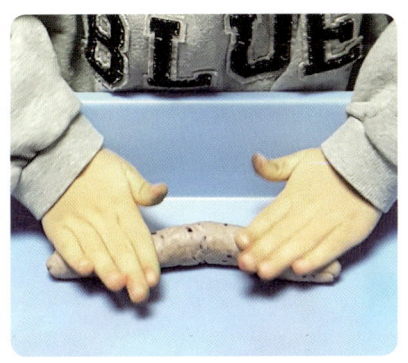

4 클레이를 밀어 길쭉하게 만들어요.

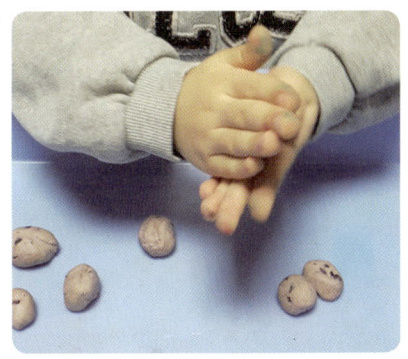

5 클레이를 작은 크기로 떼어낸 뒤 동그랗게 빚어요.

6 포도 가지에 동그랗게 빚은 클레이를 붙여 포도송이를 만들어요.

 Let's Play More!

포도 껍질로 꽃게 만들기

포도알이 나오면서 벌어진 포도 껍질 모양이 게의 집게발 모양과 비슷하지 않나요? 포도 껍질과 포도 가지를 활용해 꽃게도 만들어 보세요. 꽃게 외에 또 무엇을 만들 수 있을지 아이와 생각해 보세요.

50 ·자연물·

빨간 다리가 멋진

파프리카 꽃게

빨간 파프리카를 잘라 조각을 맞추듯이 꽃게를 만들어 보는 놀이예요. 파프리카 씨는 게 거품을 표현하기에 좋아요. 아이가 파프리카에 친숙함을 느끼는 시간을 가져 보세요.

 이렇게 놀아요

준비물 ▶ 파프리카, 접시, 눈알 스티커

1 빨간 파프리카의 꼭지 부분을 자른 후 씨를 빼서 모아요.

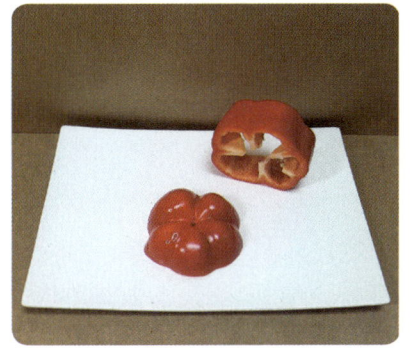

2 파프리카 밑부분을 5cm 정도 잘라 꽃게의 몸통을 만들어요.

3 남은 파프리카를 길게 잘라 꽃게의 다리를 만들어요.

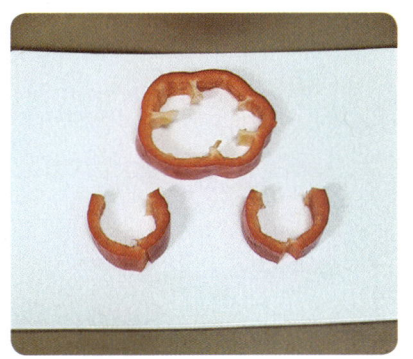

4 남은 파프리카를 사진처럼 자른 뒤 조각 내어 집게를 만들어요.

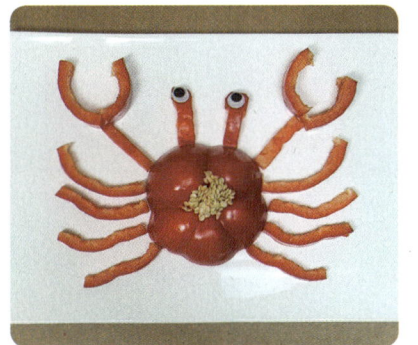

5 조각들을 이어 붙여 꽃게를 만들고, 씨를 몸통에 올려 게거품을 표현해요.

6 아이가 스스로 꽃게를 만들도록 이끌어 주세요.

TIP 아이가 어려워하면 엄마가 만드는 모습을 먼저 보여 주세요.

 Let's Play More!

파프리카 꽃게 볶음밥

파프리카 꽃게를 접시로 활용할 수 있어요. 꽃게의 몸통을 뒤집으면 나오는 오목한 공간에 파프리카와 각종 채소를 넣어 만든 볶음밥을 예쁘게 담아 주면 매력만점 파프리카 꽃게 볶음밥이 됩니다.

Part3 오감자극 자연물놀이

51 ·자연물·

노란 알맹이가 가득

클레이 옥수수

옥수수는 여러 가지 방법으로 가지고 놀 수 있어요. 옥수수를 먹기 전에는 수염을 가지고 놀고, 먹은 후에는 남은 심에 노란 클레이를 붙여서 다시 옥수수로 만들 수 있거든요.

 이렇게 놀아요

준비물 ▶ 옥수수 껍질, 옥수수심, 클레이

1 옥수수 껍질을 벗기기 전, 수염을 활용해 헤어스타일 꾸미기를 해 보세요.

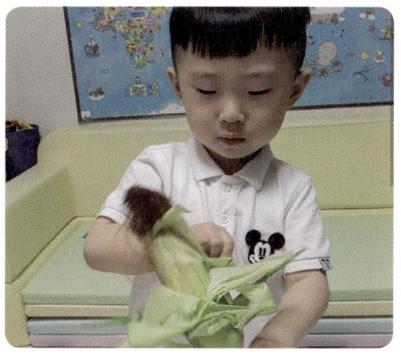

2 옥수수 껍질을 벗기면서 수염도 만져 보고 옥수수의 생김새도 관찰해 보세요.

3 옥수수를 다 먹고 나면 심을 깨끗이 씻어서 말려요.

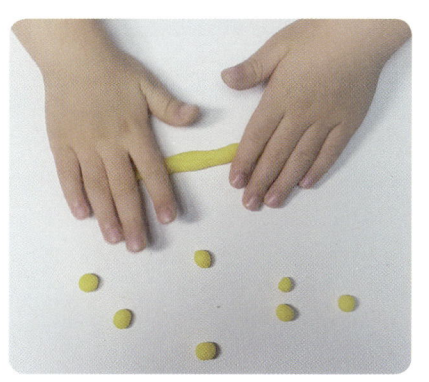

4 노란색 클레이를 길게 만든 후 작게 잘라 동글동글하게 빚어 옥수수알을 만들어요.

5 옥수수심에 옥수수알을 붙여서 옥수수로 재탄생시켜요.

6 옥수수알을 노란색 대신 다른 색으로도 만들어서 상상력을 자극해 보세요.

Let's Play More!

옥수수 껍질 잠자리

얇은 옥수수 껍질은 잠자리 날개와 질감이 비슷하답니다. 옥수수 껍질을 버리지 말고 잠자리 날개로 만들어 보세요. 옥수수를 먹고 남은 옥수수심을 몸통으로 붙이면 멋진 잠자리를 만들 수 있답니다.

52 ·자연물·

운치가 느껴지는
고구마 껍질 자작나무

인기 간식인 고구마 껍질로 멋진 자작나무를 만들 수 있어요. 고구마 껍질의 갈색 부분은 흙이 되고, 껍질 안쪽의 흰색 부분은 자작나무를 표현하기에 딱 좋은 재료예요.

이렇게 놀아요

준비물 ▶ 고구마 껍질, 흰 도화지, 마스킹 테이프, 물감, 붓

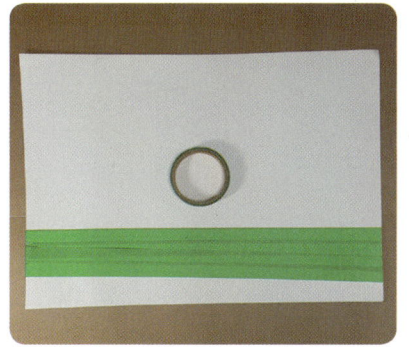

1 흰 종이의 아랫부분에 마스킹 테이프를 붙여요.

2 수채화 물감으로 하늘을 색칠해요.

3 마스킹 테이프를 떼어 내고, 갈색 물감으로 땅을 색칠해요.

4 고구마 껍질을 최대한 길쭉한 모양으로 벗겨요.

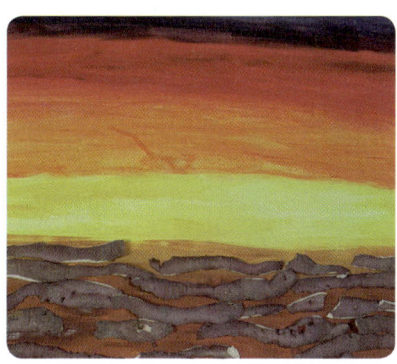

5 땅 위에 고구마 껍질을 붙여서 흙을 표현해요.

6 고구마 껍질의 흰색 부분을 길게 붙여 자작나무를 만들면 멋진 자작나무 숲이 돼요.

Let's Play More!

고구마 루돌프

고구마를 물에 넣어 키워 보세요. 투명한 잔에 키우면 뿌리가 자라는 것을 관찰할 수도 있어요. 고구마 줄기가 자라면 루돌프를 만들어 보세요. 줄기는 루돌프 뿔이 되고 고구마는 루돌프 얼굴이 된답니다.

53 ·자연물·

도토리를 갉아먹는

도토리 애벌레

도토리 열매에 눈 스티커를 붙이고, 도토리 껍질을 이어 붙여 도토리 애벌레를 만들어 보세요. 그런 다음 도토리를 갉아먹는 도토리 애벌레의 상황극 놀이를 해 보세요.

이렇게 놀아요

준비물 ▶ 가을 자연물(도토리, 낙엽, 나뭇가지 등), 눈 스티커, 글루건

1 도토리와 도토리 껍질을 준비해요.

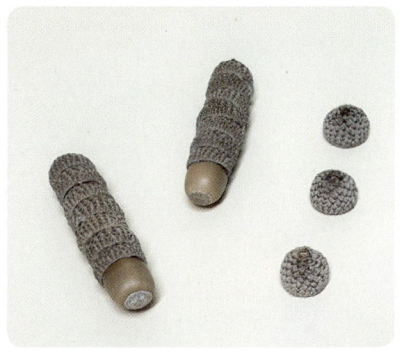
2 도토리 껍질을 글루건으로 길게 이어 붙여서 애벌레 몸통을 만들어요.

3 눈 스티커를 붙여 애벌레를 완성해요.

4 도토리에도 눈 스티커를 붙여요.

5 나뭇가지와 낙엽으로 도토리 나무를 만들어요.

6 도토리를 갉아먹는 도토리 애벌레 상황극 놀이를 해 보세요.

Let's Play More!

도토리 인형

도토리에 따뜻한 모자를 만들어 씌워서 도토리 인형을 만들어 보세요. 또는 동글동글 빚은 색색의 클레이에 도토리 껍질을 씌워 도토리를 만들어도 재미있어요.

54 ·자연물·

가을 색을 모아 모아

가을 천사의 날개

가을 자연물을 모아 가을 옷을 입어 보면 어떨까요? 택배상자를 오려 커다란 날개를 만든 후 자연물을 색깔별로 분류하면서 눈과 손의 협응력과 시각적 변별력을 기를 수 있어요.

 **이렇게 놀아요**

준비물 ▶ 큰 택배상자, 다양한 색의 자연물, 양면테이프, 리본끈

1 산책을 하며 다양한 색의 가을 자연물을 바구니에 담아 와요.

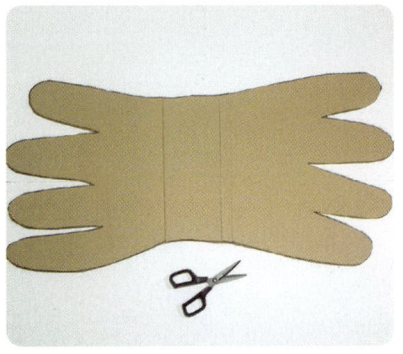

2 택배상자에 커다란 날개 모양을 그린 후 가위로 오려요.

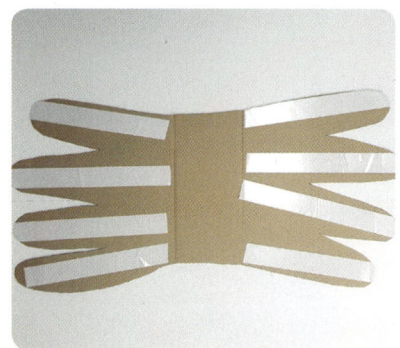

3 날개 모양 위에 양면테이프를 붙여요.

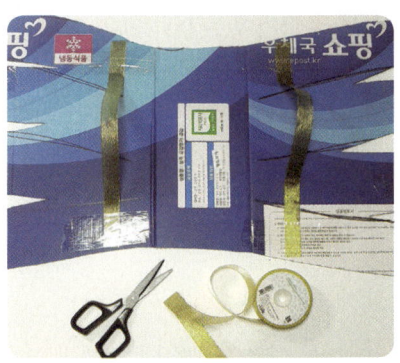

4 날개 앞부분에 끈을 달아 어깨에 멜 수 있도록 만들어요.

5 자연물을 색 계열별로 분류하여 양면테이프 위에 붙여요.

6 꼼꼼히 모두 붙인 후 어깨에 메고 가을 천사가 되어 보세요.

Let's Play More!

색 분류 놀이

자연 그대로의 천연색으로 색 분류 놀이를 해도 좋아요. 커다란 달팽이를 그린 후 등껍질에 자연물을 색깔별로 분류해서 붙여 보세요. 다양한 색들을 분류하며 색 감각이 좋아지고 심미감도 커질 거예요.

55 · 자연물 ·

눈을 염색하고 조각해요

무지개 눈 조각가

눈이 펑펑 오는 날이면 밖으로 나가 눈싸움도 하고 눈사람도 만들죠. 밖에서만 하던 눈 놀이를 집에서도 즐길 수 있어요. 알록달록 물감을 뿌려 하얀 눈이 아닌 무지개색 눈을 만들어 보세요.

 이렇게 놀아요

준비물 ▶ 스티로폼 박스, 아이스팩, 눈, 삽, 물감, 스포이드, 트레이, 조각칼

1 눈이 오는 날, 따뜻하게 입고 장갑을 낀 후 밖으로 나가요.

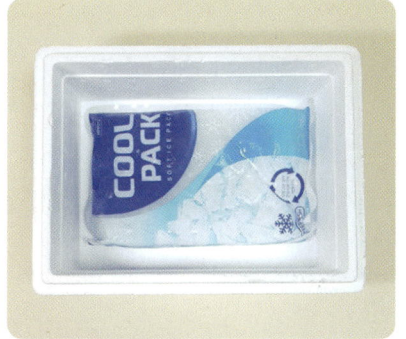

2 스티로폼 박스 안에 아이스팩을 넣고 그 위에 눈을 담아요.

3 삽으로 눈을 퍼서 박스에 담아요.
TIP 바닥의 돌이나 모래가 섞이지 않도록 윗부분만 살짝 뜨는 것이 좋아요.

4 물감을 푼 물과 스포이드를 준비해요.
TIP 눈이 녹지 않도록 미리 준비해 두면 좋아요.

5 하얀 눈 위에 색색의 물감물을 스포이드를 사용해 떨어뜨려요.

6 알록달록 색을 입힌 눈을 조각하여 멋진 작품을 만들어 보세요.

Let's Play More!

무지개 컵케이크

컵에 눈을 조금 담고 빨간색 물감을 떨어뜨려 물들여요. 그 위에 다시 눈을 넣고 주황색으로 물들여요. 이를 반복하여 무지개색을 입힌 뒤 컵을 뒤집어서 빼면 무지개 컵케이크가 된답니다. 칼로 잘라 단면에 염색된 색들을 관찰하고 촉감놀이도 해 보세요.

Part3 오감자극 자연물놀이 127

56 ·자연물·

바람에도 끄떡 없는

셋째 돼지의 벽돌집

〈아기돼지 삼형제〉를 읽고 독후활동으로 집짓기를 해 보세요. 찰흙을 바르고 돌을 쌓아 올리면 셋째 돼지의 튼튼한 벽돌집을 만들 수 있어요.

 이렇게 놀아요

준비물 ▶ 돌, 찰흙, 숟가락, 종이박스, 낙엽, 양면테이프

1 아이와 산책하며 돌과 나뭇가지를 담아 오세요.

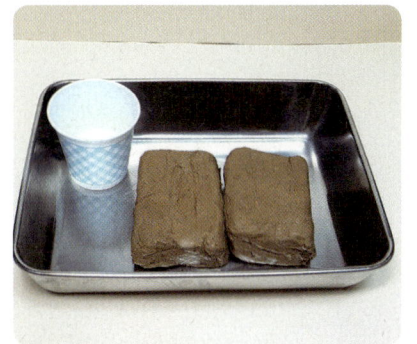

2 찰흙에 물을 조금씩 부으며 찰흙이 부드러워지도록 반죽해요.

3 돌 위에 숟가락으로 찰흙을 바르고 다른 돌을 올리며 집을 지어요.

4 돌들이 무너지지 않도록 찰흙을 꼼꼼히 덧발라요.

5 종이박스를 잘라 지붕을 만들고 양면테이프로 낙엽을 붙여서 꾸며요.

6 집 위에 지붕을 올리면 튼튼한 벽돌집이 완성됩니다.

 Let's Play More!

둘째 돼지의 나무집

돌 대신 나뭇가지를 사용해 둘째 돼지의 나무집도 만들어 보세요. 그런 다음, 늑대와 아기돼지 삼형제 그림을 하드 막대에 붙여서 역할 놀이도 해 보세요. 책을 읽고 연계활동으로 하기에 좋은 놀이랍니다.

Part3 오감자극 자연물놀이 129

57 자연물

버섯 조각을 이어 붙인

표고버섯 부엉이

고동색 표고버섯을 이용해 부엉이를 만들 수 있어요. 표고버섯의 향이 진해서 잘 먹지 않는 아이에게 부엉이 만들기 놀이로 친숙하게 다가가 보세요.

 이렇게 놀아요

준비물 ▶ 표고버섯 4개, 종이, 매직, 빨대, 접시

1 표고버섯 2개의 밑둥을 잘라요.

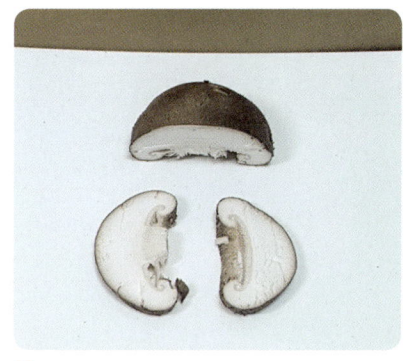

2 표고버섯을 썰어서 부엉이의 날개를 만들어요.

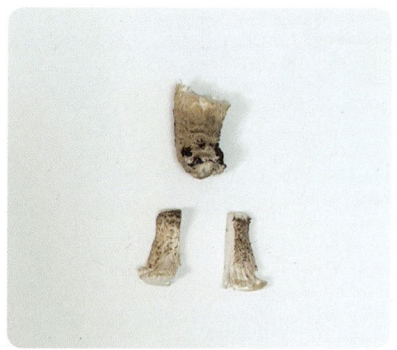

3 버섯 밑둥을 반으로 잘라 부엉이 다리를 만들어요.

4 종이에 눈과 부리, 귀를 그려 오린 뒤, 표고버섯 안쪽에 붙여 부엉이 얼굴을 만들어요.

5 또다른 표고버섯은 어두운 쪽을 빨대로 살짝 여러 번 찍어 부엉이 털을 표현해요.

6 접시에 표고버섯 조각들을 놓아 부엉이를 만들고, 남은 표고버섯을 채썰어 둥지를 표현해요.

 **Let's Play More!**

표고버섯 거북이

부엉이의 몸통 부분에서 머리와 다리 모양만 살짝 바꿔주면 거북이로 변신합니다. 작은 생각의 차이로 다른 모습이 될 수 있다는 것을 배울 수 있습니다. 또 어떤 것으로 변신이 가능할지 아이와 함께 이야기 나누어 보세요.

58 ·자연물·

사과 도장으로 만드는

원숭이 엉덩이

'원숭이 엉덩이는 빨개, 빨가면 사과'라는 노래처럼 빨간 사과로 원숭이 엉덩이를 만들어 봐요. 사과를 반으로 자른 모양이 원숭이 엉덩이와 닮았거든요. 도장을 찍으며 소근육 조절력도 키워 주세요.

 **이렇게 놀아요**

준비물 ▶ 사과, 빨간 물감, 흰 도화지, 모루

1 사과를 반으로 자른 후, 양옆을 잘라 손잡이를 만들어요.

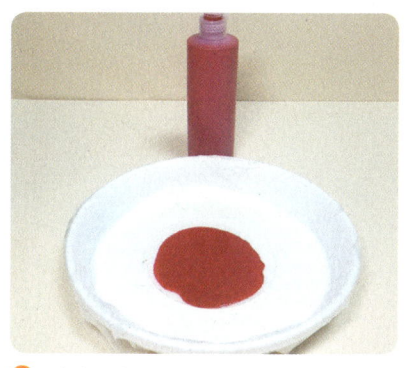
2 빨간 물감을 용기에 짜요.

3 사과 도장에 물감을 묻혀요.

4 도화지에 사과 도장을 찍어요. 물감이 마르면 오려서 원숭이 엉덩이를 만들어요.

5 도화지에 원숭이를 그리고 4에서 만든 엉덩이를 붙여요.

6 모루로 원숭이 꼬리를 만들어 붙인 후 나뭇가지에 걸어 보세요.

TIP 모루는 자유자재로 잘 꺾이는 재료이므로 원숭이 꼬리를 표현하기에 좋아요.

 **Let's Play More!**

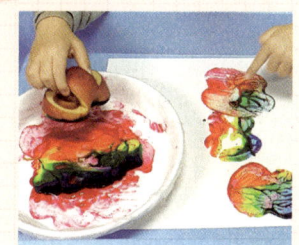

무지개 사과 도장

단색이 아닌 여러 색으로도 도장을 찍어 보세요. 물감을 무지개색 순서로 차례로 짠 뒤 사과 도장에 묻혀 찍으면 알록달록 화려한 무지개 사과가 나온답니다.

59 ·자연물·

전분이 쩍쩍 갈라져

가뭄이 났어요

전분으로 촉감놀이를 한 다음 버리지 말고 굳혀 보세요. 전분이 굳으면서 가뭄 난 땅처럼 갈라진답니다. 마른 전분을 손으로 부수면 부드러우면서 촉촉한 가루로 으깨져 새로운 질감의 촉감놀이를 할 수 있어요.

 **이렇게 놀아요**

준비물 ▶ 전분, 갈색 물감, 트레이, 브로콜리

1 전분과 물을 3:1로 섞어서 반죽해요. 땅의 색을 표현하기 위해 갈색 물감을 섞어요.

2 트레이에 반죽을 얇게 붓고 완전히 마를 때까지 실온에 둡니다.

3 마르면서 갈라진 전분을 손으로 으깨 가루로 만들며 촉감놀이를 해 보세요.

4 가루가 된 땅에 물을 조금씩 부어 되직한 반죽을 만들어요.

5 덩어리진 전분이 없게 잘 반죽하여 매끄러운 땅을 만들어 주세요.

6 브로콜리를 나무라고 가정하고 반죽 위에 심어 초록빛 숲을 표현해 보세요.

Let's Play More!

지진이 났어요

놀이의 2번 과정에서 전분이 굳으며 균열이 생길 때 이를 이용해 지진 대피 요령을 알려 주면 좋아요. 네모 박스에 수수깡을 붙여서 책상을 만들고 사람 모양 피규어를 이용하면 됩니다.

60 자연물

산성 염기성 원리로 그려요

적양배추 꽃밭

적양배추로 천연 지시약을 만들어 산성, 염기성에 따라 색이 변하는 원리를 이용한 놀이예요. 실생활에서 쉽게 구할 수 있는 재료로 신기하고 특별한 미술재료를 만들어 보세요.

준비물 ▶ 적양배추, 베이킹소다, 구연산, 흰 도화지, 붓, 면봉, 폼폼이, 빨래집게

1 적양배추를 물에 넣고 5~10분 정도 끓여 보라색 양배추물을 만들어요.

2 양배추물이 식으면 하얀색 종이에 양배추 물을 골고루 바른 뒤 말려요.

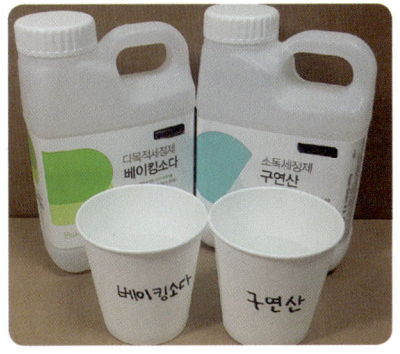

3 산성인 구연산과 염기성인 베이킹소다를 각각 물에 풀어요.

TIP 구연산 대신 식초나 레몬즙을, 베이킹소 다 대신 비눗물을 써도 돼요.

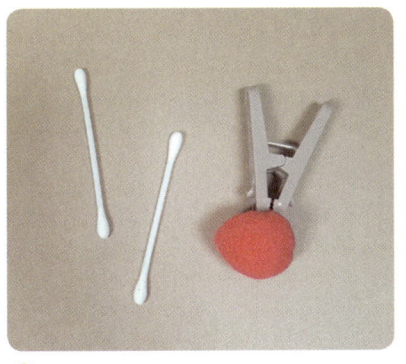

4 붓 대신 사용할 면봉과 폼폼이를 준비해요.

5 폼폼이와 면봉으로 구연산과 베이킹소다를 푼 물을 찍어 2의 도화지에 꽃을 그려요.

6 산성인 구연산이 닿으면 붉은색으로 변하 고, 염기성인 베이킹소다가 닿으면 푸른색 으로 변한답니다.

Let's Play More!

적양배추 행성

적양배추를 반으로 자르면 마블링같은 예쁜 무늬를 볼 수 있지요. 적양배 추를 두께감 있게 자른 다음 동그랗게 다듬어 행성을 만들어 보세요. 마 치 마블링 물감으로 찍은 듯한 자연스러운 모습을 하고 있답니다.

Part 4

놀면서 배우는
과학놀이

61 ·과학·

정전기 풍선으로

병아리 모이 주기

놀이를 통해 정전기에 대해 알아보는 시간을 가져 보세요. 아이들이 손에 잡기 쉬운 소형 풍선으로 귀여운 병아리를 만든 다음, 정전기를 이용해 모이를 주는 놀이예요.

이렇게 놀아요

준비물 ▶ 소형 풍선, 색종이, 테이프, 눈 스티커, 트레이, 쌀

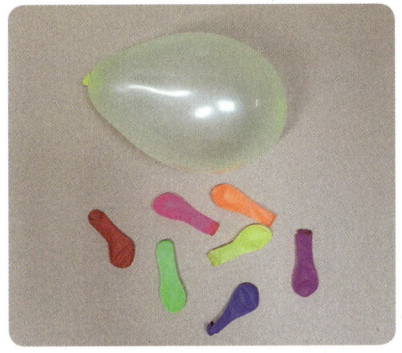

1 소형 풍선을 불어서 묶어요.

2 색종이를 오려 병아리 날개와 부리를 만들어요.

3 테이프를 이용하여 풍선에 날개와 부리를 붙여요.

4 눈 스티커나 그림을 붙여서 병아리를 완성해요.

5 트레이 안에 쌀을 넣고, 병아리 풍선을 머리에 비비거나 손수건으로 문질러 정전기를 일으켜요.

6 풍선을 재빠르게 쌀에 가져다 대면 정전기에 의해 쌀이 병아리 쪽으로 이동해요.

Let's Play More!

정전기 풍선으로 숫자 익히기

종이에 숫자나 알파벳을 크게 써서 벽에 붙여요. 풍선에 정전기를 일으켜 붙여 놓은 숫자 모양 위에 하나씩 붙여요. 놀이를 하며 자연스레 문자도 익히고, 정전기에 대해서도 즐겁게 알아갈 수 있어요. (사진: 블랙라이트 활용)

62 과학

담그면 움직여요
표면장력 상어 놀이

유통기한이 지난 우유를 이용해 표면장력 놀이를 해 보세요. 우유의 표면장력을 깨트려 우유 위에 있는 상어와 물고기를 움직이게 하는 놀이예요.

 이렇게 놀아요

준비물 ▶ OHP필름, 유성매직, 흰 우유, 물감, 트레이, 면봉, 세제

1 OHP필름에 매직으로 상어와 물고기를 그리고 오려요.

TIP 스티커 사용 후 남은 투명지를 활용해도 좋아요.

2 여러 색의 물감을 물에 풀어서 준비해요.

3 트레이에 흰 우유를 부은 다음, 스포이드로 색색의 물감물을 우유에 떨어트려요.

4 상어와 물고기 그림을 우유 위에 살포시 올려요.

5 주방세제를 푼 물과 면봉을 준비해요.

6 세제를 묻힌 면봉을 그림 뒤쪽에 살짝 담그면 우유의 표면장력이 깨지면서 그림이 움직여요.

Let's Play More!

다양한 표면장력 놀이

꼭 상어와 물고기 그림이 아니어도 돼요. 아이가 좋아하는 다른 그림으로도 표면장력 놀이를 해 보세요. 아이와 엄마를 그려 뽀뽀하기 놀이로 응용해도 재미있어요. 동시에 엄마와의 애착도 키울 수 있답니다.

Part4 놀면서 배우는 과학놀이 143

63 ·과학·

자석으로 물고기를 잡아요

빵 끈 낚시 놀이

생활 속에서 자주 생기는 빵 끈을 버리지 말고 모아서 낚시 놀이에 사용해 보세요.
빵 끈과 자석만 있으면 간단하면서도 집중력 키우기에 좋은 낚시 놀이를 할 수 있답니다.

 이렇게 놀아요

준비물 ▶ 빵 끈, 투명 용기, 막대자석, 강력자석, 돌과 구슬

1 빵 끈으로 물고기 모양을 여러 개 만들어요.

2 길고 투명한 통에 물을 가득 담은 후, 색자갈을 넣어 수족관처럼 꾸며요.
TIP 돌은 자석에 붙지 않는 것을 설명해 줘요.

3 물통에 미리 만들어 둔 물고기들도 넣어요.

4 물 위에 뜨는 물고기들은 손으로 톡 쳐서 물 속으로 가라앉게 해요.

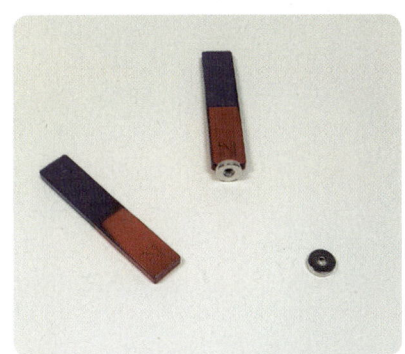

5 막대자석 끝에 강력자석을 붙여요.

6 자석을 통에 대어 물고기가 붙게 만든 후, 통 입구까지 끌어 올려 물고기를 잡아요.

 Let's Play More!

외출 시에도 빵 끈 낚시놀이

아이와 외출할 때 가방에 빵 끈과 자석을 챙겨 가세요. 카페에 갔을 때 스마트폰이나 태블릿 대신 아주 유용한 놀잇감이 된답니다. 카페에서 손쉽게 구할 수 있는 주스병으로 빵 끈 낚시 놀이를 할 수 있거든요.

64 과학

물과 기름을 이용한
동글동글 기름 행성

물과 기름이 섞이지 않는 원리를 이용해 예쁜 우주를 아주 쉽게 만들 수 있어요.
기름 위에 떨어지며 동글동글 만들어지는 색색의 행성들을 보며 아이의 상상력도
우주처럼 넓어질 거예요.

 **이렇게 놀아요**

준비물 ▶ 흰 종이, 크레파스, 물감, 검은 쟁반(또는 검정 도화지를 붙인 쟁반), 랩, 기름, 스포이드, 빨대

1 종이에 행성들을 그려서 오려요.

2 여러 색의 물감들을 물에 풀어 준비해요.

3 어두운 색의 쟁반(또는 검정 도화지를 붙인 쟁반)에 행성 그림을 올리고 랩으로 감싸요.

TIP 기름에 종이가 젖어 찢어지지 않게 하기 위해서예요.

4 쟁반 위 모든 곳에 묻을 수 있게 기름을 자작하게 부어요.

5 스포이드로 물감물을 쟁반에 떨어뜨리면 동글동글 예쁜 행성들이 만들어져요.

6 행성들을 빨대로 불어서 움직이는 놀이도 해 보세요.

 **Let's Play More!**

동글동글 기름 눈송이

같은 방법으로 '눈오는 날'을 표현할 수도 있어요. 눈사람을 그려 붙이고 랩으로 감싼 다음, 기름을 붓고 하얀색 물감을 떨어뜨리면 마치 눈이 오는 듯한 풍경이 펼쳐진답니다.

65 과학

종이박스로 배우는
동물 먹이사슬

종이박스만 있으면 먹고 먹히는 먹이사슬에 대해 쉽게 배울 수 있어요. 점점 작아지게 만들어서 크기에 대한 감각도 익히고, 먹이사슬에 대한 개념도 접할 수 있답니다.

 이렇게 놀아요

준비물 ▶ 종이박스, 칼, 매직, 글루건

1 종이박스를 오려 크기가 같은 네모 5개를 만들어요.

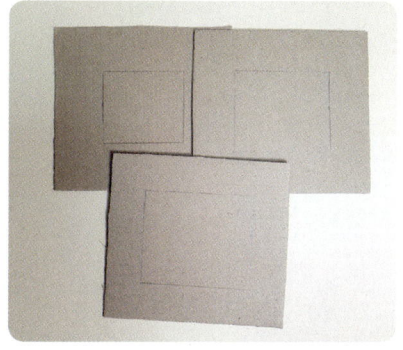

2 각 종이박스 위에 네모를 그려요. 이때 한 변이 2cm씩 점점 커지게 그려요.

3 그려 놓은 네모를 칼로 오려 내요.

4 잘라 낸 네모에 먹이사슬을 이루는 동식물을 그리거나 프린트해서 붙여요. 먹이사슬에서 위에 있는 동물을 더 큰 네모에 붙여요.

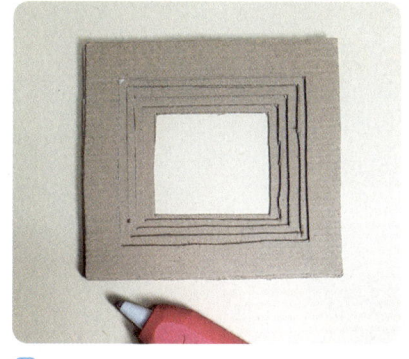

5 구멍난 종이박스 5개를 작은 네모가 밑으로 가도록 겹쳐서 글루건으로 붙여요.

6 작은 크기의 네모부터 구멍에 끼워 먹이사슬 놀이를 해 보세요.

Let's Play More!

종이컵 먹이사슬

종이박스를 오리기 힘들면 종이컵을 활용하는 방법도 있어요. 종이컵을 뒤집어 바닥에 동물들을 그린 후, 하나씩 덮어가는 방법으로 먹이사슬 놀이를 진행하면 돼요.

66 ·과학·

비타민 씨 가득한

상큼한 용암 만들기

베이킹소다와 식초로 하는 화산폭발 놀이는 많이 알려져 있지요. 그런데 그보다 더 간편하고 안전하게 화산을 만드는 방법이 있어요. 비결은 바로 발포비타민이랍니다.

이렇게 놀아요

준비물 ▶ 요구르트병, 찰흙, 물감, 트레이, 발포비타민, 스포이드

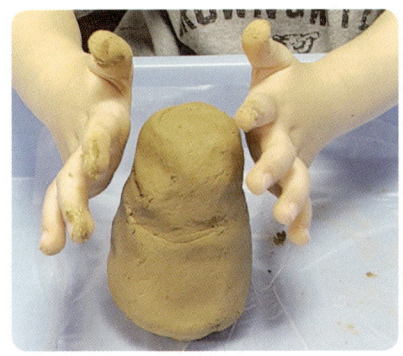
1 요구르트병 전체에 찰흙을 붙여 화산 모형을 만들어요.

2 빨간색 물감을 탄 물과 스포이드를 준비해요.

3 트레이에 화산 모형과 공룡, 나무 등을 넣어 공룡 세계를 꾸며요.

4 화산 모형 위에 발포비타민을 올려놓아요.

5 스포이드로 빨간색 물감물을 발포비타민 위에 뿌려요.

6 발포비타민이 물과 만나 기포가 발생하여 용암이 흘러나오는 모습이 연출된답니다.

Let's Play More!

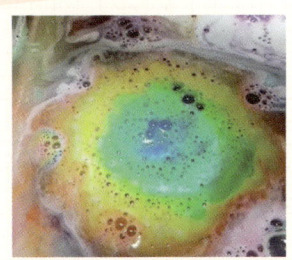

무지개 용암 만들기

트레이에 발포비타민을 넣어 주세요. 발포비타민 위에 무지개 색 순서대로 물감물을 뿌리면 예쁜 무지개 용암이 만들어져요.

Part 4 놀면서 배우는 과학놀이 151

모세관 현상을 이용한

눈 내리는 풍경

종이의 모세관 현상에 의해 귀여운 눈사람과 화려한 눈 결정들이 마법처럼 펼쳐지는 놀이예요. 물이 스며들며 접혀 있던 종이가 부풀어 오르며 펴지는 거랍니다.

 **이렇게 놀아요**

준비물 ▶ 흰 종이, 유성매직, 가위, 쟁반, 검정 도화지, 랩

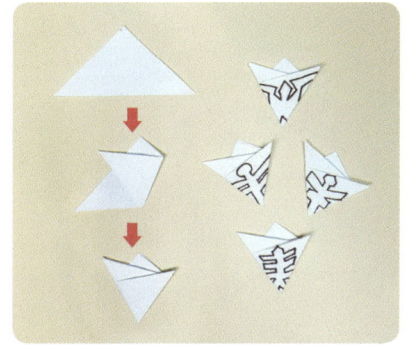

1 정사각형 종이를 세모로 접은 후 좌우로 한 번 씩 접어 튤립 모양을 만들어요. 다양한 눈결정 모양을 그린 뒤 가위로 오려요.

2 물에 번지지 않게 유성매직을 사용하여 눈사람 모양을 그려서 오려요.

3 오려 둔 눈결정체와 눈사람 그림을 살짝 안으로 접어요.

4 쟁반에 검정 종이를 올리고 랩으로 감싸요.

5 쟁반에 물을 부어요.

6 접어 둔 눈사람과 눈결정체 그림을 물 위에 살포시 올려요. 모세관 현상에 의해 종이들이 펼쳐지면서 눈 내리는 풍경이 만들어져요.

Let's Learn!

모세관 현상이란?

종이 안에는 미세한 구멍들이 있어요. 접혀 있던 종이 속의 길로 물이 스며들면서 종이의 접혔던 부분이 부풀어 오르게 되고, 이런 모세관 현상에 의해 접힌 종이가 펴지는 것입니다.

Part4 놀면서 배우는 과학놀이

68 ·과학·

커졌다 작아졌다
찜기 눈동자 놀이

밝은 곳에 가면 순간적으로 많은 빛에 적응하지 못해 눈동자가 작아지고, 어두운 곳에 가면 더 많은 빛을 받아들이기 위해 눈동자가 커져요. 헷갈리는 이 현상을 찜기 하나면 아주 쉽게 익힐 수 있어요.

이렇게 놀아요

준비물 ▶ 찜기, 색지, 흰 종이, 테이프, 배 포장지, 매직, 폼폼이

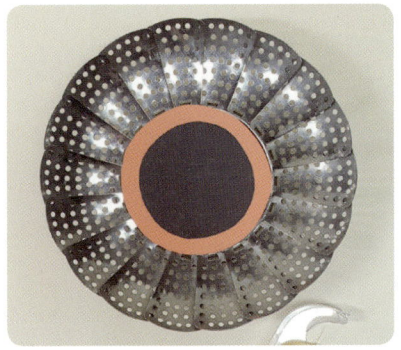

1 색지를 눈동자 모양으로 오리고, 찜기의 원형 부분에 붙여요.

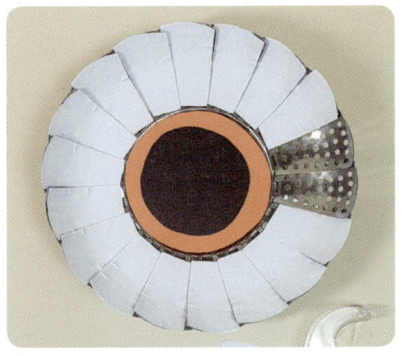

2 찜기의 펼쳐지는 부분에는 흰 종이를 오려 붙여 눈의 흰자를 표현해요.

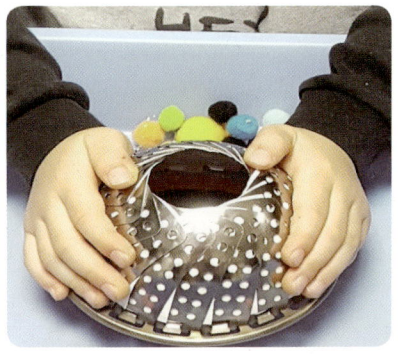

3 찜기를 오므리면 검정 눈동자의 크기가 작게 보여요.

TIP 밝은 곳에 가면 눈동자의 크기가 작아져요.

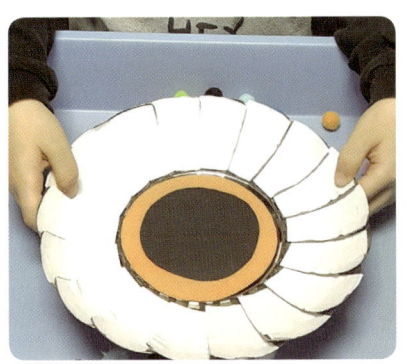

4 찜기를 펼치면 검정 눈동자의 크기가 크게 보여요.

TIP 어두운 곳에 가면 눈동자의 크기가 커져요.

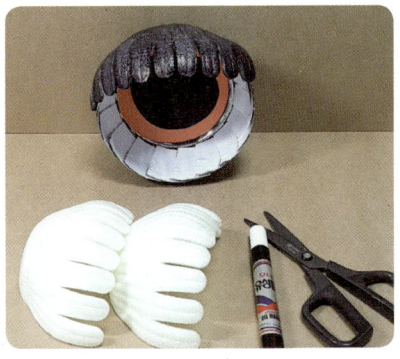

5 배 포장지를 반으로 잘라 매직으로 칠해 속눈썹을 만들어서 찜기에 붙여요.

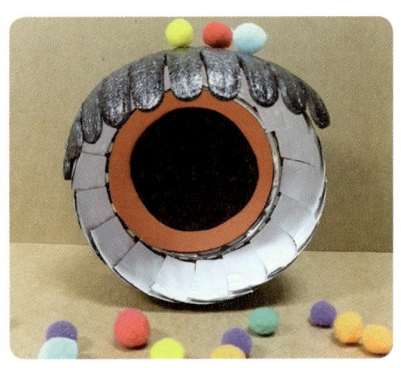

6 속눈썹 위에 폼폼이를 떨어트려 눈 안으로 들어가지 않는 것을 보여 줘요.

TIP 이를 통해 먼지를 막아 주는 속눈썹의 역할을 설명해요.

Let's Play More!

찜기 우주선 만들기

찜기는 우주선을 만들기에도 좋은 재료이지요. 여러 모양의 스팽글에 자석테이프를 붙인 다음 찜기에 붙여요. 찜기는 쇠로 되어 있기 때문에 자석테이프를 붙인 스팽글이 잘 붙는답니다. 예쁘게 꾸민 우주선에 사람 피규어를 태워 우주선 놀이도 할 수 있어요.

69 ·과학·

찾는 재미가 보글보글
보물찾기 놀이

베이킹소다와 구연산을 섞으면 중화가 되어 단단한 상태가 돼요. 여기에 물이 닿으면 보글보글 거품을 내며 녹는데, 이 성질을 이용하여 보물찾기 놀이를 할 수 있답니다.

 **이렇게 놀아요**

준비물 ▶ 베이킹소다, 구연산, 반찬컵, OHP필름, 매직, 구슬이나 비즈, 트레이, 스포이드

1 보물로 사용할 재료(구슬, 단추, 비즈 등)와 꽝(OHP필름에 그림)으로 사용할 재료를 반찬컵에 담아요.

2 베이킹소다와 구연산을 1:1 비율로 용기에 담아 섞어요.

3 1의 재료들에 2의 가루를 넣어 재료가 보이지 않게 덮어요.

4 반나절 정도 실온에 두면 굳어요.
TIP 좀 더 단단하게 만들고 싶으면 하루 정도 놓아 두세요.

5 반찬컵에서 꺼내 트레이에 놓고, 스포이드로 물을 뿌려요.

6 물에 녹으면서 안에 있던 재료가 나타나요. 보물을 더 많이 찾은 사람이 이기는 게임을 해 보세요.

Let's Play More!

몬스터 잡기 놀이

식용색소 가루나 파스텔을 이용해 베이킹소다와 구연산 가루에 색을 입힐 수도 있어요. 이를 종이컵에 담아 하루 정도 굳힌 뒤, 종이컵을 찢어서 꺼내 눈알 스티커를 붙여 몬스터를 만들어요. 마법의 물로 몬스터를 무찌르는 상황극 놀이를 하면 아이가 무척 좋아할 거예요.

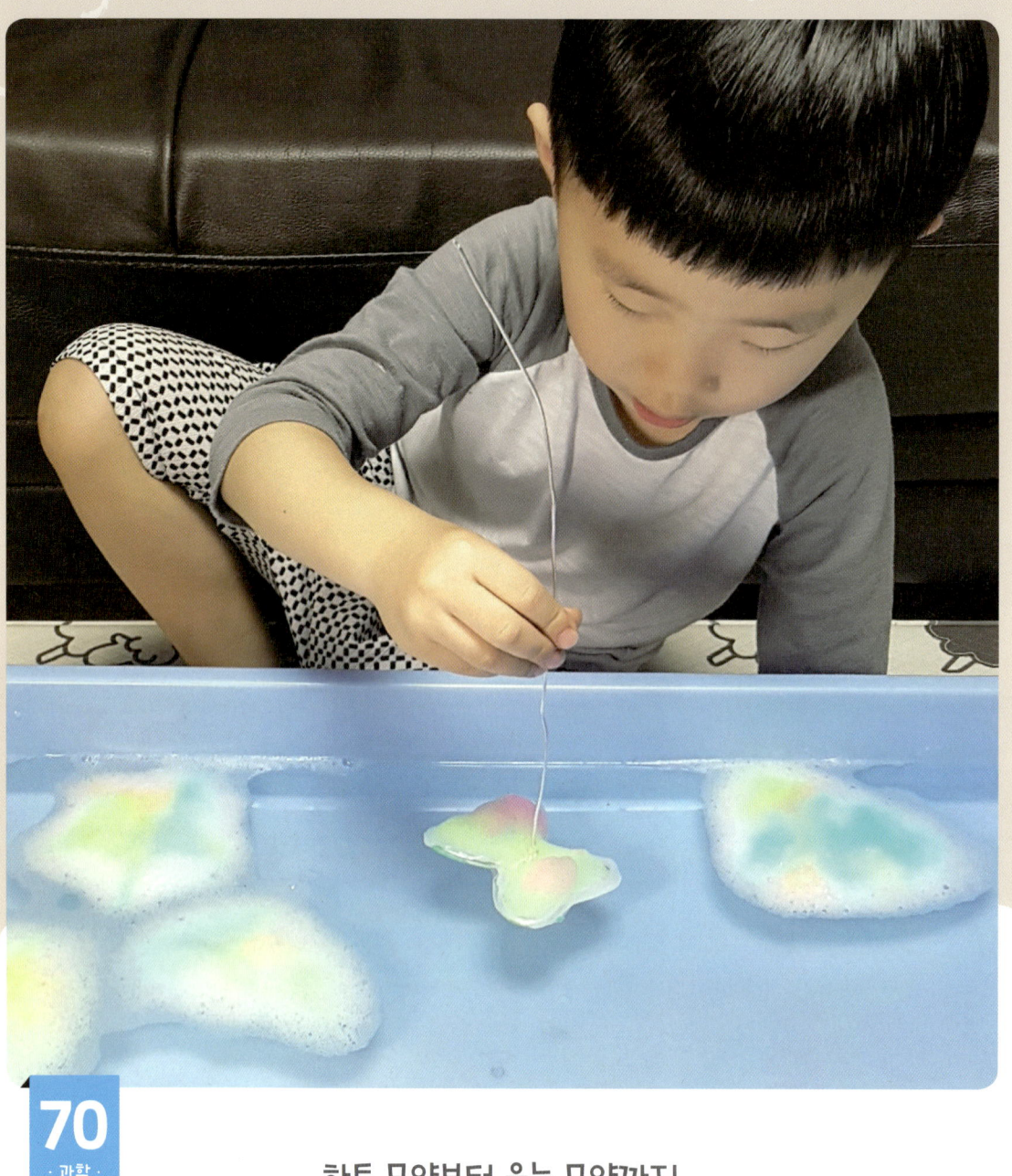

70 과학

하트 모양부터 웃는 모양까지

모양 거품 만들기

손을 씻거나 샤워를 할 때 생기는 거품에 모양이 있다면 어떨까요? 아이와 함께 하트 모양, 별 모양, 웃는 모양의 거품을 만들어 보세요. 조심스럽게 진행하면서 인내심과 조절 능력도 기를 수 있어요.

 이렇게 놀아요

준비물 ▶ 공예용 철사, OHP필름, 글루건, 거품물감(또는 손세정제), 트레이

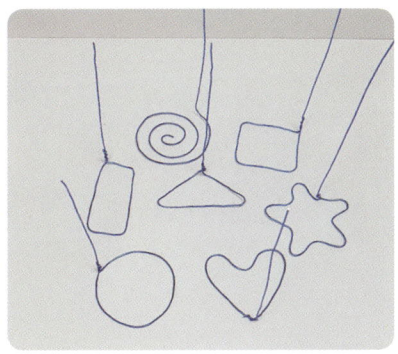

1 공예용 철사로 여러 가지 도형 모양을 만들어요.

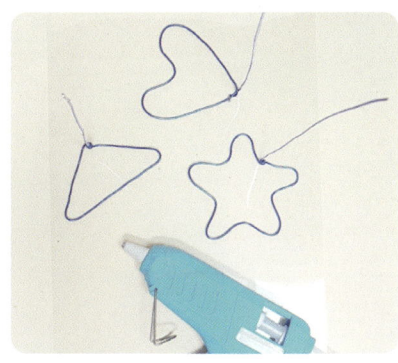

2 OHP필름에 모양 철사를 글루건으로 붙이고 모양대로 오려요.

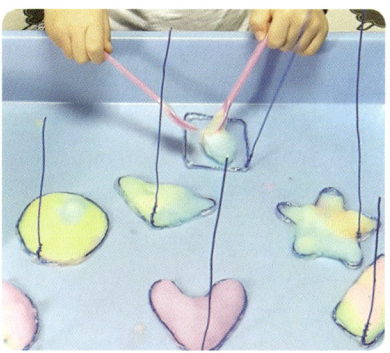

3 거품물감(또는 손세정제)을 용기에 담은 후, 숟가락으로 거품을 덜어 모양 철사 위에 올려요.

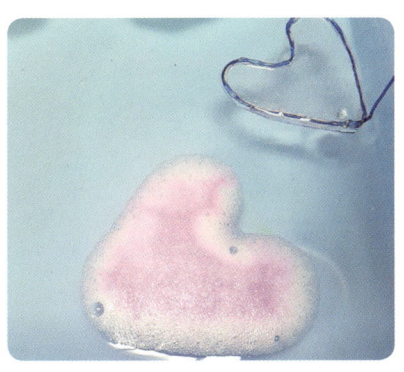

4 트레이에 물을 담은 뒤, 거품을 담은 철사를 천천히 누르면서 담가요. 거품이 물 위에 뜨면 철사를 거품 옆으로 천천히 빼 내요.

5 물에 빠르게 담가 버리면 거품 모양이 흐트러지니 천천히 담그는 법을 알려 주세요.

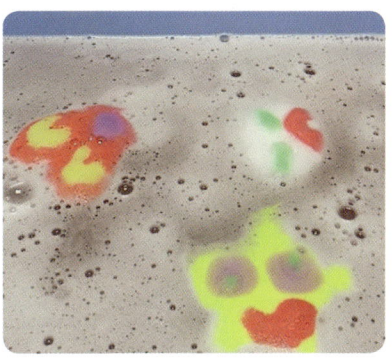

6 물 위에 만들어진 거품을 입으로 불어 모양을 바꾸는 놀이도 해 보세요.

 Let's Play More!

거품 마블링 만들기

트레이에 여러 색의 거품물감을 골고루 짜 주세요. 구슬 하나를 올린 후, 트레이를 잡고 좌우로 왔다갔다하며 구슬을 움직여 보세요. 구슬이 움직일 때마다 거품들이 서로 섞이면서 예쁜 마블링이 생겨요.

71 ·과학·

얼음이 울어요
얼음 눈물 놀이

눈 모양 얼음이 녹아 흘러내리는 모습이 마치 눈물을 흘리는 것처럼 보여요.
흘러내린 눈물에 의해 수성 사인펜으로 그린 세균들이 지워지는 모습을 보며
눈물의 역할에 대해 알 수 있어요.

 **이렇게 놀아요**

준비물 ▶ 일회용 반찬컵, 원형자석, 강력자석, 종이박스, OHP필름, 수성 사인펜, 유성매직, 손 선풍기

1 박스 위에 일회용 반찬컵을 올리고, 그 안에 원형자석을 넣어요.

2 반찬컵 안에 물을 2/3 정도 채운 후 냉동실에서 얼려요.

3 OHP필름에 유성매직으로 우는 표정을 그려요. 그 밑에 수성 사인펜으로 세균을 그려요.

4 종이박스를 오려 경사진 받침대를 만들고, 3에서 그린 OHP필름을 테이프로 붙여요.

5 눈 모양 얼음을 꺼내 OHP필름 위에 올리고, 뒤에 강력자석을 붙여 고정시켜요.

6 손 선풍기로 얼음 눈을 녹여요. 얼음이 녹아 흘러내리면서 세균들을 씻어 없애 줘요.

 **Let's Play More!**

얼음 팽이 놀이

일회용 반찬컵에 물을 넣어 얼린 얼음으로 팽이도 만들 수 있어요. 기름종이에 팽이 무늬를 그려 얼음 위에 올리면, 얼음이 녹으면서 생긴 물로 인해 기름종이가 얼음에 잘 붙어요. 이렇게 만들어진 얼음 팽이를 잡고 뱅글뱅글 돌리며 놀아 보세요.

72 ·과학·

기름 구름에서 내리는

무지개 비

물과 기름은 섞이지 않는다는 걸 알려줄 수 있는 놀이예요.
기름층이 물방울의 무게를 견디지 못해 물방울이 물층으로 떨어지며 물감이 퍼지는 모습이
마치 비가 오는 것처럼 보인답니다.

 이렇게 놀아요

준비물 ▶ 길고 투명한 통, OHP필름, 매직, 물감, 기름, 스포이드

1 OHP필름에 우산을 들고 있는 아이를 매직으로 그려요.

2 길고 투명한 원통의 바깥쪽에 아이 그림을 테이프로 붙여요.

3 여러 색의 물감들을 푼 물과 스포이드를 준비해요.

　TIP 스포이드 사용이 어려우면 약병을 사용해요.

4 원통에 물을 2/3 정도 채우고, 그 위에 기름을 10cm 이상 부어요.

5 스포이드로 물감을 빨아들여 기름층 위에 살포시 떨어뜨려요.

　TIP 스포이드를 너무 세게 짜면 물층으로 떨어져 버리니 힘 조절이 필요해요.

6 기름층에 맺혀 있던 무지개 방울들이 시간이 지나면 물층으로 떨어져 비가 오는 것처럼 보여요.

Let's Play More!

비 내리는 풍경

쟁반을 호일로 감싼 후, 매직으로 우산을 그려요. 그 위에 기름을 부어 얇은 막을 만들어요. 파란색 물감물을 만들어 트레이 위에 떨어트리면 빗방울이 만들어져요. 쟁반의 양옆을 잡고 좌우로 움직이면 방울방울 맺혀 있던 빗방울이 주르륵 흐르면서 비가 오는 것처럼 보인답니다.

73 ·과학·

드라이아이스로 만드는
칙칙폭폭 증기기관차

아이스크림 포장에 들어 있는 드라이아이스는 물과 반응하여 하얀 기체를 내뿜는 신기한 놀이 재료지요. 드라이아이스를 이용해 증기기관차의 증기를 표현해 보세요.

 이렇게 놀아요

준비물 ▶ 휴지 상자, 일회용 투명컵, 색지, 테이프, 병뚜껑, 글루건, 드라이아이스, 양면테이프

1 휴지 상자와 일회용 투명컵을 준비해요.

2 휴지 상자에 색지를 붙여 꾸며요.

3 휴지 상자에 글루건으로 병뚜껑을 붙여 기차 바퀴를 만들어요. 일회용 투명컵에도 색지를 붙여요.

4 일회용 투명컵에 드라이아이스를 넣고 물을 2/3 정도 부어요.
TIP 드라이아이스는 맨손으로 만지지 않도록 주의하세요.

5 상자 위에 드라이아이스를 넣은 컵을 양면테이프로 붙여요.

6 드라이아이스가 물과 반응해 승화하는 모습이 기관차가 증기를 내뿜는 것처럼 보여요.
TIP '승화'란 고체가 액체를 거치지 않고 직접 기체로 변하거나 기체가 직접 고체로 변하는 현상입니다.

Let's Play More!

보글보글 거품 헤어

물감을 푼 물에 바디워시를 넣고 그 안에 드라이아이스를 넣어 보세요. 드라이아이스가 물과 만나 승화하면서 생긴 이산화탄소에 의해 보글보글 풍성한 거품이 만들어져요. 컵에 눈코입을 그려 넣어 거품 헤어를 연출해 보세요.

74 ·과학·

불이 움직여요
보드마카 불 끄기

보드마카에 숨겨진 놀라운 비밀이 있어요. 호일에 보드마카로 그림을 그린 후 물을 부으면 놀랍게도 그림이 물 위에 떠서 움직여요. 이 원리를 이용하여 불 끄기 놀이를 해 볼까요?

준비물 ▶ 쟁반, 호일, 매직, 빨간색 보드마카, 스포이드, 종이, 코팅지

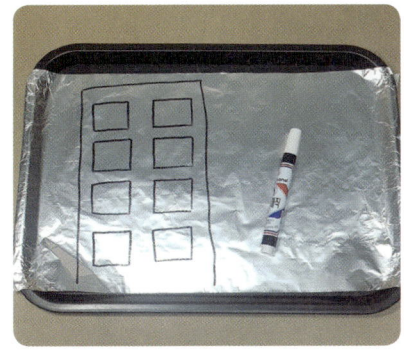

1 쟁반을 호일로 덮은 뒤, 그 위에 매직으로 건물을 그려요.

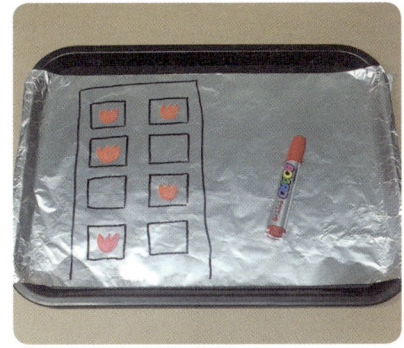

2 빨간색 보드마카로 건물 안에 불을 그려요.

3 종이에 소방차와 소방호스를 그려 코팅한 뒤 오려요.

4 소방차 그림을 건물 옆에 놓고, 스포이드에 소방 호스를 붙여 물과 함께 준비해요.

5 불 그림 바로 옆에 스포이드로 물을 천천히 떨어트려요.

6 물 위에 불 그림이 뜨면 스포이드로 불을 밀어 내는 식으로 불을 꺼 주세요.

TIP 물을 부으면 보드마카의 알코올은 증발하고 물감만 남아 물 위에 둥둥 뜨게 돼요.

Let's Play More!

보드마카 축구 놀이

이 성질을 이용해 다양하게 놀 수 있어요. 축구골대를 매직으로, 축구공을 보드마카로 그린 후 물을 부어요. 공이 그림에서 분리되면 빨대로 공을 불어 골대 안으로 들어가게 하는 놀이도 재미있어요.

Part 4 놀면서 배우는 과학놀이 167

75 과학

스펀지로 배우는
혀와 침의 역할

다 쓴 물티슈캡과 스펀지로 혀의 역할에 대해 알려 주세요. 스펀지에 물을 흡수시켜 아밀라아제의 역할에 대해 알려 주면 아이의 기억에 더 오래 남을 거예요.

준비물 ▶ 종이, 매직, 물티슈캡 2개, 테이프, 스펀지, 키친타월, 수성 사인펜

1 종이에 매직으로 입이 없는 얼굴을 그려요.

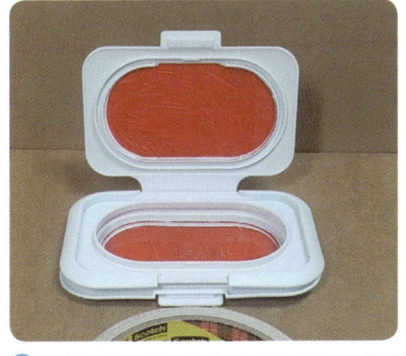

2 물티슈캡 2개의 안쪽을 빨간색 매직으로 칠해요. 두 캡을 마주 보게 하여 테이프로 붙여요.

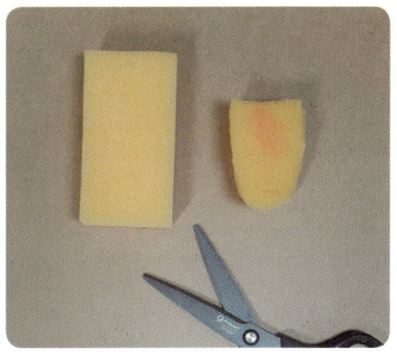

3 스펀지를 혀 모양으로 잘라요. 이때 물티슈캡 안에 들어가는 크기로 잘라야 해요.

4 얼굴 그림에 물티슈캡을 붙여요. 스펀지 혀에 물을 적신 뒤, 물티슈캡 안에 올려요.

5 키친타월에 수성 사인펜으로 음식을 그려요.
TIP 혀의 짠맛, 단맛, 신맛을 느끼는 위치를 알려줄 수 있도록 음식을 다양하게 그려요.

6 스펀지 혀 위에 음식 그림을 올리고, 물티슈캡을 닫았다 열었다 하며 음식을 먹는 것처럼 반복해요.
TIP 스펀지에 있던 물(침)이 나와 그림이 번지는 것이 음식이 아밀라아제에 의해 소화된 것처럼 보여요.

Let's Learn!

혀와 침의 역할

혀는 음식을 골고루 섞어서 목구멍으로 보내는 일을 하지요. 침의 주요 성분인 아밀라아제는 음식물을 분해하고 체내에 잘 흡수할 수 있도록 소화를 시키는 역할을 해요.

76 ·과학·

시큼한 공격

메추리알 개미산 놀이

개미는 강한 산성 물질인 개미산을 분비하여 뒤쫓아 오는 개미들에게 자신의 흔적을 남기거나 적들을 막아 낸다고 해요. 식초에 담근 메추리알을 이용해 개미산에 대해 배워 봐요.

 **이렇게 놀아요**

준비물 ▶ 메추리알, 식초, 식용색소, 컵, 눈 스티커, 종이호일, 수성 사인펜, 이쑤시개

1 식초, 식용색소, 컵과 익히지 않은 메추리알을 준비해요.

2 컵에 식초를 담고 식용색소를 푼 다음 메추리알을 넣어 실온에 2~3일 정도 둡니다.
TIP 메추리알을 식초에 담가 놓으면, 껍질은 녹고 내용물만 남아 탱탱볼처럼 돼요.

3 메추리알을 꺼내서 살살 씻은 후, 세 개씩 줄 세우고 눈 스티커를 붙여 개미를 만들어요.

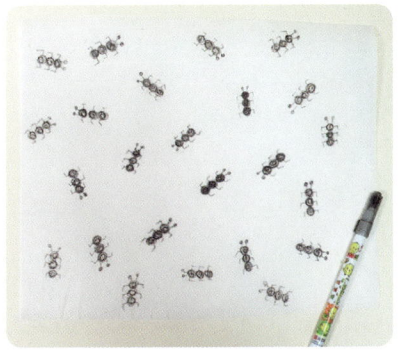
4 종이호일이나 유선지에 수성 사인펜으로 적인 다른 종족 개미들을 그려요.

5 그림에 메추리알 개미를 올리고 이쑤시개로 찌르면 액체가 뿜어져 나와 개미가 개미산을 뿜는 것처럼 보여요.

6 액체에 의해 수성 사인펜으로 그렸던 적들이 번지면서 마치 개미산에 맞아 쓰러진 것처럼 보여요.

Let's Play More!

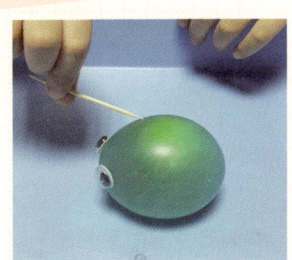

물 뿜는 계란 고래

날계란을 식초에 5일 동안 담가 둔 후, 껍질이 녹으면 다시 물에 담가 하루 동안 계란이 물을 흡수하도록 해요. 계란을 꺼내 이쑤시개로 찌르면 물이 뿜어져 나오면서 고래 분수가 만들어진답니다.

Part4 놀면서 배우는 과학놀이 **171**

77 과학

자석으로 연출하는
카세트테이프 헤어

카세트테이프에 들어 있는 검정색 테이프(자기테이프)는 자성을 띠고 있어요. 그래서 자기테이프에 자석을 가져다 대면 달라붙어요. 이 원리를 이용하면 재미있는 미용실 놀이를 할 수 있어요.

이렇게 놀아요

준비물 ▶ 카세트테이프, 매직, 종이, 쟁반, 테이프, 강력자석

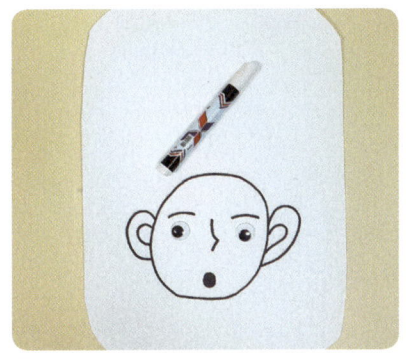
1 종이에 매직으로 머리카락이 없는 얼굴을 그려요.

2 사용하지 않는 카세트테이프를 준비해요.

3 카세트테이프 안에 있는 자기테이프를 뽑아요.

4 뽑은 자기테이프를 적당한 길이로 잘라요.

5 얼굴 그림을 쟁반 위에 올리고 테이프로 고정시켜요.

6 쟁반 아래에 강력자석을 대어 자기테이프가 붙게 만든 후, 자석을 이동하여 원하는 헤어스타일을 만들어 봐요.

Let's Play More!

카세트테이프 부엉이

자기테이프와 다 뽑고 남은 카세트테이프로 부엉이를 만들어 보세요. 카세트테이프는 부엉이의 얼굴이 되고, 자기테이프는 부엉이의 복슬복슬 털을 표현하기에 좋은 재료가 된답니다.

Part4 놀면서 배우는 과학놀이 173

78
·과학·

병뚜껑으로 배우는

자석 알파벳 놀이

주스 병뚜껑을 모아 두었다가 숫자와 알파벳을 익히는 놀이에 사용해 보세요. 자석의 N극, S극의 성질을 이용하는 방법이어서 자연스럽게 과학놀이도 진행할 수 있답니다.

 이렇게 놀아요

준비물 ▶ 택배상자, 주스 병뚜껑, 투명판(코팅지), 글루건, 원형자석, 양면테이프, 막대자석

1 택배상자 윗부분을 네모 모양으로 오려 내요.

TIP 3의 투명판보다 작은 크기로 오려요.

2 택배상자의 옆부분도 손이 들어가도록 오려 내요.

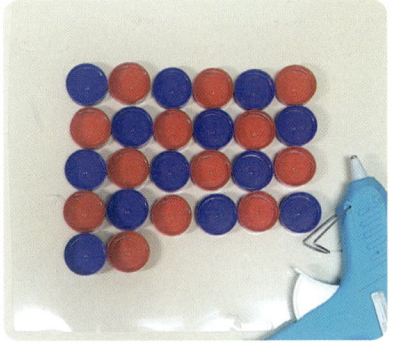

3 투명판에 주스 병뚜껑을 글루건으로 붙여요. a~z는 총 26개입니다.

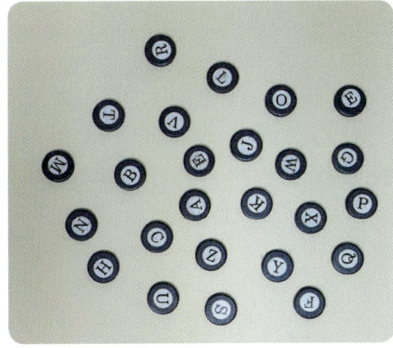

4 원형자석의 한 극을 정해(S극 또는 N극) 동일한 극에 알파벳이나 숫자를 적은 종이를 붙여요.

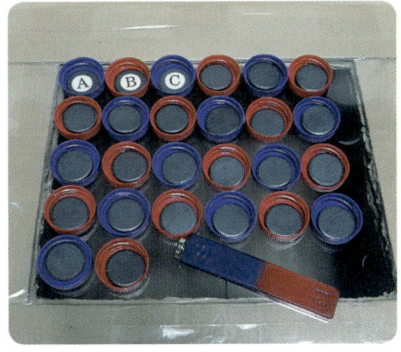

5 원형자석에 붙인 글자가 보이지 않도록 병뚜껑 안에 뒤집어서 넣어요. 원형자석 투명판을 2의 상자 위에 올려요.

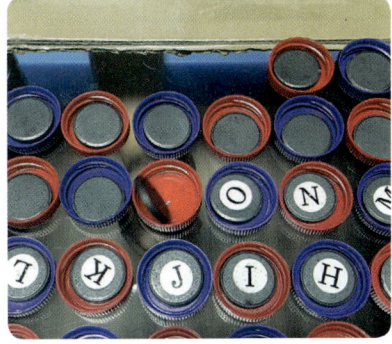

6 막대자석을 상자 안에 넣고 병뚜껑 아래에 갖다 대요. 이때 원형자석 바닥의 극과 같은 극을 갖다 대요.

TIP 같은 극끼리 서로 밀어내는 힘에 의해 원형자석이 뒤집어지면서 글자가 보여요.

Let's Play More!

자석 메모리 게임

위 방법을 메모리 게임에 활용해 보세요. 원형자석에 두 개씩 같은 그림을 붙인 다음 뒤집어서 같은 그림을 찾는 놀이지요. 막대자석만으로 자성이 약할 경우, 막대자석 끝에 강력자석을 붙여서 진행해 보세요.

79 ·과학·

전분으로 관찰하는
잎맥 표본 놀이

식물이 물을 마시는 이동 통로인 잎맥을 좀 더 자세히 관찰할 수 있도록 전분으로 표본 놀이를 해 보세요. 라이트박스 위에 올려서 관찰하면 잎맥을 더 선명하게 볼 수 있어요.

이렇게 놀아요

준비물 ▶ 투명한 트레이, 전분가루, 나뭇잎, 리빙박스, 호일, 종이호일, LED램프

1 투명한 트레이를 준비해요.

2 종이컵으로 전분과 물을 3:1의 비율로 넣어 되직한 느낌으로 반죽해요.

3 전분 높이가 1~2cm 정도 되도록 트레이 안에 얇게 부어요.

4 전분 위에 깨끗이 씻은 나뭇잎을 올린 후, 잎의 모든 면이 전분에 붙도록 눌러 줘요.

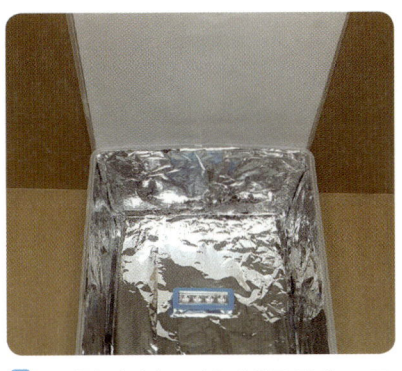

5 투명한 리빙박스 안을 호일로 감싸고 LED 램프를 넣어요. 뚜껑에 종이호일을 붙여 덮으면 라이트박스가 됩니다.

6 전분이 굳으면 잎을 제거한 뒤, 리빙 박스 위에 올려놓고 잎맥을 관찰해요.

Let's Play More!

잎맥이 물을 빨아들여요

온도에 따라 색이 변하는 시온스티커를 활용하여 잎맥에 대해 알아볼 수 있어요. 종이컵에 잎을 그린 후, 시온스티커를 얇게 잘라 잎맥을 만들어 붙여요. 종이컵에 찬물을 부으면 시온스티커 색이 흰색에서 파란색으로 바뀌면서 식물이 물을 빨아들이는 모습을 표현할 수 있답니다.

80 ·과학·

물속을 볼 수 있는
물풍선 마법 돋보기

물풍선 하나면 물속을 들여다 보는 신기한 마법을 보여줄 수 있어요. 어두운 물속에 물풍선을 넣으면 물풍선을 통해 바닥에 있는 그림을 볼 수 있답니다.

 **이렇게 놀아요**

준비물 ▶ 투명한 리빙박스, 물풍선, 물감, 도화지

1 바닥이 투명한 리빙박스와 물풍선(혹은 투명풍선)을 준비해요.

2 물풍선에 물을 넣어 묶어요.

3 종이에 숫자나 알파벳을 적거나 아이가 좋아하는 그림을 그려요.

4 그림을 그린 종이 위에 리빙박스를 올려요.

5 검정색 물감을 푼 물을 리빙박스에 부어요.
TIP 검정색 대신 아이가 좋아하는 색으로 해도 됩니다.

6 물 안에 물풍선을 넣고 이리저리 움직이면 바닥에 있는 그림이 물풍선을 통해 보여요.

Let's Play More!

벌집 안에 벌이 있어요

물감물 안에 수정토를 넣으면 벌집 모양처럼 보여요. 리빙박스 아래에 벌 사진을 넣은 뒤, 물풍선을 이용해 벌집 안에 있는 벌의 모습을 표현해 보세요.

Part4 놀면서 배우는 과학놀이 179

노는 게 제일 좋아!